FAST
FOOD
SALUDABLE

BRUTAL

CHEF
BOSQUET

Papel certificado por el Forest Stewardship Council®

Primera edición: febrero de 2020
Quinta reimpresión: junio de 2020

© 2020, Roberto Bosquet
© 2020, Penguin Random House Grupo Editorial, S. A. U.
Travessera de Gràcia, 47-49. 08021 Barcelona

Printed in Spain - Impreso en España

Fotografías de interior: Pablo Paniagua, Inés Garp y Kike Garp
Diseño y maquetación: Ele&Uve estudio creativo

ISBN: 978-84-17752-44-6

Depósito legal: B-405-2020

Impreso en Gráficas 94, S. L.
Sant Quirze del Vallès (Barcelona)

DO 52446

Penguin
Random House
Grupo Editorial

SUMARIO

prólogo 7
introducción 8

los básicos 30-47
picar sin remordimientos 48-81
fast happy starts 82-105
principalmente
   saludables 106-143
healthy endings 144-169
fresh time 170-181

aprovechamiento
   en la cocina 183-185
agradecimientos 187
índice de ingredientes 188-189

PRÓLOGO

Dos locos de la comida deliciosa y saludable, dos paladares adictos al chocolate y a los dulces nutritivos y sin ingredientes nocivos para la salud; esos somos Rober y yo. Estábamos destinados a encontrarnos en las redes sociales. Con Rober comprobé que lo bueno sabe incluso mejor si además es beneficioso para nuestro organismo, que no hay que elegir entre sabor y nutrición, y que lo sano puede ser tan delicioso que te ponga la piel de gallina.

Es una lástima que vivamos en un mundo en el que el azúcar, los aditivos, los conservantes y no sé qué más sean la base de postres y platos que se consumen a diario en millones de hogares. Esos ingredientes hacen que un producto sea más sabroso o tenga mejor textura a un precio irrisorio, pero también nos destruyen por dentro. Intentan convencernos de que sin azúcar algo no puede ser «dulce», ¡qué gran mentira!

La alimentación es la base de nuestra vida, nuestra gasolina. La comida puede incluso afectar a nuestro estado de ánimo. Para mí, la alimentación saludable es esa que te nutre, te cuida, te protege y además te hace sonreír. Y, por más que lo intente, no recuerdo haber probado un plato de Rober con el que no haya conseguido todo eso.

Desde que descubrí a @ChefBosquet me volví su mayor fan. No hay receta que no me haya sorprendido, postre que no me haya dejado sin palabras. Ha sido un placer que nuestros caminos se cruzaran. Estoy seguro de que este libro te va enganchar igual que a mí y que se convertirá en un referente en tu recetario semanal.

¡Estoy deseando probar todas estas recetas!

Ibai Gómez Pérez
Jugador del Athletic Club de Bilbao

Un chico de 33 años, casado y padre de un bebé de 2 años, a quien le gusta cuidarse, hacer deporte, pasar tiempo en familia y con amigos y, aparte de todo eso, ¡cocinar! Eso sí, he dado bastantes vueltas hasta llegar aquí.

La cocina me ha llamado mucho la atención desde pequeño. En casa, mis padres siempre han cocinado muy bien. Yo los veía, probaba sus platos y quería ser como ellos, pero era un niño y en aquella época, si tu familia no era hostelera, resultaba difícil enfocar tu vida hacia la cocina desde tan pequeño.

Siempre he sido muy inquieto, y de niño aún más, por lo que no era capaz de pararme un segundo a aprender a cocinar, me centraba en comer las cosas tan buenas que había en casa ¡y salía de nuevo corriendo!

¿QUÉ HAGO CON MI VIDA?

El autor en la actualidad

Chef Bosquet en su puesto de bombero

En la adolescencia comenzó la búsqueda de qué hacer con mi vida y que duró 10 años. En el colegio escuché por primera vez que «no valía para cosas muy serias» porque no era lo suficientemente constante y me recomendaron que estudiara algo práctico, sin muchas complicaciones.

Intenté hacerme electricista, pero al cabo de un mes me di cuenta de que ese no era mi oficio. Luego decidí que quería ser profesor de educación física, por lo que me puse con el bachillerato, donde no terminaba de cuajar tampoco. Empecé a ver la luz cuando hice un curso de socorrista, lo aprobé y comencé a trabajar de ello ese mismo verano. Era un empleo que implicaba convivir y ayudar a la gente. Eso me gustaba, pero solo podía trabajar de socorrista en verano, así que pensé cómo tener un trabajo del que disfrutar durante todo el año. La solución fue ¡hacerme bombero! Me parecía una profesión que unía los dos aspectos importantes para mí: la convivencia y ayudar a los demás.

Acabé el bachillerato y, cuando tuve la edad, a los 21 años, para sacarme el carnet de camión, empecé a estudiar y a prepararme para las oposiciones. Conocí a otros opositores y a más gente del entorno, y todos me insistieron: «Es muy difícil, hay pocas plazas y sin contactos es imposible. No vas a poder». Era la segunda vez que me decían que no valía.

Pasé de vivir sin más a vivir para estudiar y entrenar, pero sabía que para rendir al máximo en todo necesitaba un plus.

Y ese extra lo iba a obtener con la alimentación. Comencé a investigar, pero como no tenía tiempo para cocinar, le pedía a mi madre que comprara y cocinara de acuerdo con la información que iba encontrando. Tras cuatro años de estudio y entrenamiento diarios interminables, conseguí la plaza de bombero, lo que se tradujo en tener de repente mucho tiempo libre (pero pocas ideas qué hacer con él).

Lo primero fue convertirme en duatleta y, más adelante, en triatleta, con tres horas diarias de entrenamiento (a veces más), y con tiempo muerto entre los entrenos que aprovechaba para leer sobre alimentos que me iban a hacer rendir mejor y visitas frecuentes a los supermercados. Me gustaba mucho comer de todo, tanto salado como dulce. Salado y saludable era una combinación perfecta y relativamente sencilla de realizar, pero comer *dulce* y saludable a la vez no lo era tanto.

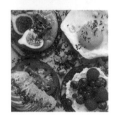

EN BUSCA DE LA FÓRMULA

Encontraba muchas recetas en internet, y les quitaba el azúcar y las harinas refinadas, pero el resultado raras veces cumplía con las expectativas. Estaba bien, pero lejos de lo que buscaba. Se me puso entre ceja y ceja elaborar postres lo más saludables posible y que, además, estuvieran muy buenos, así que eso se convirtió en mi nuevo reto.

Seguí usando recetas de otros, pero hacía mis propias contribuciones y cambiaba muchas cosas, hasta el punto de que cada vez quedaba menos del plato original, por lo que comencé con mis propias recetas. Era difícil, claro, porque no sabía cocinar, solo hacía «experimentos» en casa. Eso sí, horas infinitas de experimentos... El punto de inflexión llegó cuando entendí cómo funcionaban las cosas, el comportamiento de cada alimento y las razones para usar unos u otros. Fue entonces cuando comencé a cocinar de verdad.

HOLA, INSTAGRAM

Las recetas cada vez eran mejores, muchas muy buenas y algunas ¡hasta me quedaron vistosas! Ahora empezaba a disfrutar cocinando. Un día, Laura, mi mujer, y mi amigo Carlos me invitaron a que me creara una cuenta de Instagram. Yo no tenía ni idea de qué era eso. Me contaron que era una red social en la que mucha gente subía fotos de

Publicaciones de instagram
@chefbosquet

comida y recetas y que podía ser divertido, así que creé una cuenta. Publicaba las comidas que preparaba cada día, recetas incluidas, y, de repente, la gente comenzó a preparar las recetas. ¡No me lo podía creer! Hacían mis recetas y me agradecían que las publicara. Vi que tenía otra vía para ayudar a la gente con la alimentación. Pensé: «Si les digo que esto es saludable, les entrará por una oreja y les saldrá por la otra, pero si les digo que es saludable, que cocinado de esta forma está muy bueno y, encima, tiene buena pinta, seguro que me hacen más caso».

Cada día le dedicaba más tiempo, me esforzaba y me gustaba más, y esto se notaba en los resultados. Comencé a vivir pegado a las redes y a la cocina, mientras algunos compañeros de trabajo muy visionarios me advertían de que con esto no iba a llegar a ningún sitio.

VIVIR DE LA COCINA ES POSIBLE

Aunque le dedicaba muchas horas y me importaba mucho, la cocina no dejaba de ser un hobby para mí: ni vivía de ella ni contemplaba la posibilidad de convertirla en una forma de generar ingresos. Hasta que de pronto llamé la atención de tiendas que me pedían que realizara talleres de cocina, de marcas que mostraban interés en colaborar conmigo y de gente muy conocida que probaba mis recetas y las anunciaba (como mi ahora amigo Ibai Gómez, futbolista del Athletic Club de Bilbao), con la repercusión que esto tenía. Todo ello me hizo cambiar de idea y decidí emplear todos mis esfuerzos en un nuevo objetivo: vivir de la cocina. Era lo que me hacía feliz, lo que me gustaba y había llegado el momento de arriesgar.

A principios de 2018 me planteé diferentes caminos que seguir y posibles opciones, que fueran factibles y con las que me sintiera cómodo. Como no conseguí aclarar nada, me lo tomé como una oposición que no sabes cuándo se convocará. Si has sido opositor, sabrás de qué te hablo; si no, te digo que consiste en trabajar de sol a sol para estar listo en el momento que sea necesario. Me pasaba los días pensando en sabores, texturas, colores y olores para recetas nuevas, que estuvieran muy buenas y que, por supuesto, lo parecieran. Una vez que las tenía en la mente, las llevaba a la práctica, una, dos u ocho veces si hacía falta, hasta conseguir lo que había imaginado.

Sin ir más lejos, hay dos pasteles en Naked & Sated (mi restaurante, luego os cuento), el pastel de chocolate y cala-

Los famosos dónuts de calabaza

baza con turrón y caramelo salado y el Naked cake de dos bizcochos con crema de chocolate en el interior, que desde el primer intento estuvieron muy ricos, pero siempre veía que podía mejorarlos aún más, así que seguí hasta dar con la fórmula perfecta. Con todas las recetas no pasa esto. Los dónuts® de chocolate, por ejemplo, tanto los del restaurante como los de este libro, salieron en su punto a la primera.

Mi mujer, mis amigos y mis compañeros del parque de bomberos me acompañaban y disfrutaban de estas «búsquedas para encontrar la receta perfecta», y es que, para conseguir buenos resultados, ¡necesitaba la opinión del público! A mí me encantan todas las recetas, ya que las hago a mi gusto, pero el reto está en que les gusten a todos. De eso se trata. Es más, he llegado a un punto en el que tras cocinar algo estoy más pendiente de ver la cara de quien prueba mis platos que en disfrutarlo yo mismo. Una vez que lo han probado y les ha gustado, entonces disfruto yo. De lo contrario, se repite ¡y listo! Soy «un poco competitivo», sobre todo conmigo mismo; el resto, si tiene que venir, vendrá.

CONSEJERO DE *MASTERCHEF*

En febrero de 2018 se me presentó la ocasión de dar un paso adelante. *Masterchef* buscaba un consejero para apoyar al programa desde las redes sociales, dando consejos por Instagram sobre aprovechamiento de alimentos, solucionando dudas al respecto y ofreciendo una video-receta semanal para la web. Me presenté y me eligieron. El premio era la oportunidad de darme a conocer y hacer un cursillo avanzado de exigencia personal, ya que tenía que presentar semanalmente un material creado por mí y a la altura de las expectativas. Fue más que un reto, porque, aunque no lo creáis, tenía pánico a hablar ante la cámara y en público.

No sé cómo he conseguido hacer showcookings delante de muchas personas y, además, ¡disfrutándolos! Tuve que salir de mi zona de confort, y lo hice, pero para irme muy lejos… De hecho, creo que no he vuelto a entrar. Si en esos días me hubieran dicho lo que iba a hacer en un par de meses, me habría parecido una broma. Fueron trece exigentes semanas que significaron un montón de experiencia y ganas de mucho más.

Publicaciones de instagram @chefbosquet

LA LLAMADA

Llegó el verano y seguí trabajando todos los días a la espera de que pasaran más cosas interesantes. A principios de agosto me llamó (aunque realmente fue una conversación de WhatsApp) mi amigo Ibai. Unos meses antes ya me había dejado caer que podríamos montar algo en Bilbao, pero no fue más que una idea sin madurar que quedó en el olvido. Esta vez iba a ser diferente. Me comentó que él, Marcos Llorente, jugador del Atlético de Madrid (también lo conocía, gracias a Ibai, claro), y un tal Marino Cid (el empresario del equipo) querían montar un restaurante de comida saludable en Madrid. Buscaban hacer algo diferente, sano y que estuviera muy bueno para transmitir a todo el mundo que se puede comer de forma saludable y a la vez disfrutar de la comida. Necesitaban un chef y creían que debía ser yo. Así que al día siguiente ya estaba trabajando en el proyecto.

BEST FOODIE

Pasaron los meses y, mientras nacía Naked & Sated, continuaba trabajando y esperando más oportunidades. En este tiempo, Instagram creó un galardón que, por primera vez en la historia, premiaba la mejor cuenta de comida, el Best Foodie, o sea, «el mejor comidista»: una persona que muestra a los demás su forma de ver la gastronomía, ya sea con preparaciones propias o a través de las de los demás. Me leí los requisitos, creí encajar y me veía con posibilidades, así que no lo dudé. Se presentaron unas 1500 personas, de las cuales un jurado eligió a 10 finalistas y entre estos se hizo una votación pública. Había gente muy buena, con más experiencia, más seguidores y más de todo, o eso pensaba yo, pero eso no significaba que no pudiera ser posible, así que pedí a mis seguidores, a los que tanto ofrecía cada día, que me regalaran unos 15 segundos de su tiempo. El resultado fue un 49 % de los votos totales.

No solo gané el premio, sino un empujón de moral de por vida y la certeza de que no estaba solo: CHEFBOSQUET soy yo, pero también lo es toda la gente que me sigue y me apoya, sin ellos, no sería lo que soy.

Chef Bosquet,
Ibai Gómez,
Marcos Llorente
y Marino Cid

Best Foodie del año

13

Cada vez más me pedían que escribiera un libro de recetas, pero, sinceramente, no sabía qué hacer ni qué pasos dar, por lo que continué trabajando hasta que, una vez más, sucedió. Se me presentó la maravillosa oportunidad de escribir este libro, la ocasión perfecta para contaros quién soy, qué quiero conseguir y cómo lo hago. Y con un montón de recetas superbuenas, ¡claro!

Fueron varios meses de pensar, decidir y poner mucho mimo en cada página de este libro para que lo podáis disfrutar cada uno de vosotros.

Y MIENTRAS TANTO, NAKED & SATED

Mientras pasaba todo esto, nacía el proyecto con mayúsculas. La llamada de Ibai supuso poder cumplir un sueño: demostrar a todo el mundo que disfrutar de la comida sin remordimientos era posible, ¡pero en vivo y en directo!

Dos semanas más tarde tenía a Marcos y a Marino en casa. Después de conversaciones infinitas por WhatsApp acerca del proyecto, podríamos decir que ya nos conocíamos. Les preparé un resumen de lo que podríamos ofrecer. Por cierto, los platos que probaron ese día en casa son el 80 o el 90 % de la carta actual.

Quedamos todos convencidos, y esa misma tarde, los cuatro (Ibai por la pantalla) definimos quiénes somos, qué queremos y cómo lo vamos a conseguir.

En unas semanas sabíamos nuestro nombre: Naked & Sated, o «desnudo y saciado». Es decir, te presentamos la comida al desnudo, lo más natural posible, sin procesar en exceso, para acabar saciado con comida real, gracias a lo nutricionalmente completos que son todos nuestros platos. Más tarde vino nuestro lema: COME SIN REMORDIMIENTOS. Lo importante es comer y disfrutar de cada bocado, nutriéndote y sin arrepentimientos. Cuando comemos algo que está bueno, no suele ser muy saludable, de ahí que, si nos importa nuestra salud, lo comamos con remordimientos. En Naked & Sated, esto no pasa, y lo demostramos cada día.

El 24 de junio de 2019 abrimos el primer restaurante y el 23 de diciembre de 2019 el segundo, ambos con la misma filosofía.

En la cocina de
Naked&Sated

NUESTRO OBJETIVO

Somos cuatro personas muy inquietas y con muchas cosas en común: somos deportistas, nos gusta comer bien y de forma saludable. Es el estilo de vida que nos hace felices y creemos que puede ayudar a los demás a conseguir los objetivos que se propongan. Si a nosotros nos ha ayudado a mejorar, estamos seguros de que lo conseguiremos con los demás, por eso nos embarcamos en este proyecto. Queremos demostrar, ante todo, que la comida saludable puede estar tanto o más rica que la no tan saludable y que podemos disfrutar al tiempo que nos cuidamos.

COMIDA SALUDABLE

Ofrecemos opciones mucho más saludables de lo que estamos acostumbrados a encontrar. No usamos azúcares ni harinas refinadas, elaboramos todas las preparaciones nosotros mismos y endulzamos los postres con fruta y en alguna ocasión con edulcorantes naturales como el xilitol o el eritritol. Los ingredientes que empleamos son de la mayor calidad posible, de proximidad, ecológicos y, sobre todo, sostenibles, ya que para nosotros es muy importante nuestro planeta. Si nos importa nuestra salud, no podemos dejar de lado el espacio donde vivimos.

QUÉ Y PARA QUIÉN

Uno de nuestros objetivos es reeducar y llegar a la máxima gente posible. Hoy en día, muchas personas no pueden comer de todo, ya sea por intolerancias alimentarias, alergias o convicción personal, pero creemos que todos tienen derecho a comer de forma saludable. Así que nuestros platos son libres de gluten, limitamos los ingredientes más alergénicos, tenemos opciones veganas y vegetarianas y contamos con una carta especial para niños, con platos que adaptamos al grado de desarrollo y dentición de los bebés a partir de los seis meses. Si nuestro objetivo es educar en alimentación saludable, debemos empezar por los más pequeños.

Y, por último, tanto en mi cocina como en este libro, combino sabores y texturas para crear platos que os hagan disfrutar de la comida sin remordimientos.

NO HAGAS DIETA

Antes nos enseñaban que, para comer bien, tenías que hacer un gran esfuerzo, comer cosas poco apetecibles y nada divertidas. Cuidarse era un suplicio o eso parecía, pero esto está cambiando, y te lo voy a demostrar en este libro.

Comer de forma saludable no es aburrido y no significa tomar únicamente pescado blanco, pechuga a la plancha, ensalada y brócoli al vapor. Significa elegir productos de calidad, que no estén ultraprocesados, comida «de verdad» y cocinarla de forma correcta. Un hándicap importante es el tiempo, y no queremos «perderlo» en la cocina. Bien, con organización puedes aprovechar muy bien el tiempo en la cocina e incluso en el supermercado (¿quién no ha ido más de una vez a comprar en el mismo día por falta de organización?).

Se trata de cambiar hábitos, desde hacer la lista de la compra e ir al supermercado, hasta cocinar, además de aprovechar las sobras para otras recetas. Antes solía preguntarme cómo comer saludablemente, ahora es lo habitual. No tiene que cambiar la comida, ¡tienes que cambiar TÚ!

Y APRENDE A COMER

UNA ALIMENTACIÓN SALUDABLE

Os voy a resumir cómo podéis llegar a tener una alimentación saludable desde mi experiencia personal.

Estamos acostumbrados a que para comer bien tenemos que seguir una dieta a rajatabla, cosa que, sobre todo en dietas muy restrictivas, es insostenible. Lo mejor es ponerte en manos de un nutricionista y que te asesore y enseñe a comer, y una vez que lo hayas conseguido, no necesitarás más dietas salvo que tengas unos objetivos muy concretos.

Te dejo las claves a partir de las cuales puedes adquirir unos hábitos saludables sin ningún tipo de esfuerzo:

1 Elimina los ultraprocesados. Están llenos de ingredientes que no necesitas y hacen que el producto diste bastante de la comida real. Tu cesta de la compra debería estar formada en un 90 % por frutas, verduras, legumbres, huevos, lácteos, pescados, carnes y conservas al natural o en aceite de oliva.

2 No cocines en exceso los alimentos. Esto hace que pierdan algunas de sus propiedades y puedan llegar a ser nocivos, por ejemplo, cuando se queman parcialmente.

3 Come en casa o algo preparado en casa siempre que puedas, si no tienes la posibilidad de ir a un restaurante con opciones saludables.

4 Cuando tengas antojos entre horas, opta por fruta, frutos secos naturales, lácteos o huevos (en muy pocos minutos los tienes listos).

5 Evita el azúcar y las harinas refinadas. En este libro te muestro un montón de recetas donde no los necesitas.

6 Evita los endulzantes artificiales como el aspartamo, muy dañinos para la salud, y elígelos naturales como el eritritol, el xilitol o la estevia, aunque lo ideal es limitar su consumo. Endulza con fruta siempre que puedas.

7 Olvida lo de que el azúcar de coco, la miel, el azúcar de caña o los siropes (de agave, de arce, de dátil, etc.) son mejores. Es cierto que el índice glucémico del azúcar de coco es inferior, pero todos son azúcares añadidos. Nos cuentan que tienen más fibra y algunas vitaminas, pero para aprovecharlas tendríamos que comer cantidades muy grandes, algo contraproducente. En las recetas de este libro se endulza las preparaciones en un 95 % con fruta, así que no hay excusa para no hacerlo. La OMS recomienda no sobrepasar los 30 g de azúcar libre al día (no necesitamos ni acercarnos a esos 30 g) y considera que los azúcares intrínsecos de los alimentos, como los de la fruta, no son azúcares libres.

CRONOLOGÍA EN LA COCINA

En este apartado te voy a contar lo que necesitas tener en cuenta desde que piensas en una receta hasta que acabas de comer.

ANTES DE IR A COMPRAR

Necesitas saber qué vas a comprar. Esto te va a ahorrar mucho tiempo en el mercado, tener que volver a por algo que te falta y comprar cosas innecesarias.

Comienza dando una vuelta por la cocina. Comprueba qué no necesitas comprar y piensa en posibles recetas en las que usar lo que tienes en la despensa. Piensa en los platos que vas a preparar en los próximos días, haz una lista de los ingredientes que precisas y las cantidades. Cuando vayas a preparar un postre, compra de más para poder rectificar en caso de fallo en algún paso. Con la lista hecha, clasifica los ingredientes por establecimiento donde los vas a comprar. Es probable que los mejores ingredientes (por calidad/precio) no los encuentres todos en el mismo comercio.

EN EL MERCADO

1 Prepara tus bolsas de la compra reutilizables.

2 Cíñete a la lista y marca los productos que vayas colocando en el carro o en las bolsas.

3 **VEGETALES**
En el supermercado, evita elegir vegetales que vengan en envases de plástico.

Escoge siempre que puedas vegetales de proximidad, de temporada y ecológicos en la medida de lo posible, ya que son más respetuosos con el medio ambiente.

Comprueba el punto de madurez e intenta elegirlos de forma que estén maduros cuando los vayas a consumir.

4 **CARNES**
Elige siempre carnes procedentes de ganadería y granjas sostenibles, evita a toda costa la ganadería intensiva. Estos productos no tienen impacto negativo en el medio ambiente y además son de mayor calidad, dado que los animales se alimentan de pasto y no de cereales y soja. Es un alimento que se toma de forma ocasional y por el que vale la pena hacer el esfuerzo.

En la ganadería intensiva se emplean monocultivos de soja y cereales para alimentar el ganado, lo que provoca la deforestación de los bosques y las selvas. Más información en lacarnedepasto.com.

5

PESCADOS
Elige pescados salvajes o, al menos, ecológicos. Pregunta en la pescadería cuáles no son de piscifactoría. Los primeros resultan más sostenibles y de mayor calidad, ya que los de piscifactoría son alimentados de forma artificial. Es importante que tengan el sello azul MSC, que garantiza que se han pescado de forma sostenible.

6

CONSERVAS
Escoge las que vienen al natural o en aceite de oliva virgen extra y en recipiente de cristal.

7

FRUTOS Y FRUTAS SECAS
Cómpralos siempre al natural, intenta además que sean a granel. Con ello, eliminamos plásticos y además nos saldrá más económico.

8

Elige productos con DO (Denominación de origen): son alimentos correctamente regulados de acuerdo con la calidad que requieren según su naturaleza y procesos de elaboración del lugar de donde son originarios. Ejemplos: arroz y chufa de Valencia.

9

LEGUMBRES
Cómpralas a granel y prepáralas en casa. Con una olla rápida, en 40 minutos (tiempo que puedes usar para otras tareas como recoger o cocinar) tendrás listas las legumbres para toda la semana.

También cuentas con la opción de comprarlas en bote de cristal y tenerlas disponibles en cualquier momento.

10

LÁCTEOS
Elige siempre leche ecológica, a poder ser fresca. Es más respetuosa con el medio ambiente, y las vacas están mejor alimentadas y mejor tratadas. En cuanto a los quesos, es muy importante que solo contengan leche, sal, cuajo y cultivos lácticos.

Lee una vez la receta entera, ingredientes incluidos. Esto es muy importante, porque conseguirás una visión general y podrás tener, en su caso, los ingredientes en su punto (por ejemplo, la quinoa en remojo, los dátiles en remojo, los frutos secos tostados, etc.).

Pesa todos los ingredientes que vas a utilizar y déjalos listos para cocinar. Te puede costar un poco al principio, pero esto hará que una vez que empieces, el proceso sea más fluido y no pierdas el hilo.

Utiliza los tiempos muertos de la receta para otras preparaciones u otras tareas. Mientras horneas unas patatas puedes preparar el plato principal o un postre, aunque también puedes usar el último tiempo de cocción para recoger y limpiar la cocina. No olvides, cuando tengas algo en el fuego, ¡usa el temporizador!

Aprovecha también para preparar comida de más y emplearla en otras recetas, ya sea preparando más cantidad en caso de arroz o garbanzos, o, aprovechando que tienes el horno encendido, hornear a la vez varias cosas.

Puedes preparar un pastel y al mismo tiempo hornear calabaza en otra bandeja. En este caso, lo primordial sería el pastel, por lo que tendremos en cuenta su tiempo y su temperatura, y una vez esté listo, continuamos con la calabaza. Cuando acabes de hornear algo, es un buen momento para tostar frutos secos y no tener que encender el horno a propósito para esto en otro momento.

DESPUÉS DE COMER

Envasa rápidamente lo que haya sobrado. Si lo vas a usar pronto, en la nevera; de lo contrario, en el congelador. El envase ideal son los táperes de cristal cuadrados o rectangulares. Son más respetuosos con el medio ambiente y se ordenan mejor en la nevera y el congelador. Recuerda anotar la fecha de cocinado y de envasado.

Ahora, piensa en lo que te ha sobrado para preparar la siguiente receta, ¡y vuelta a empezar!

UTENSILIOS, ELECTRODO-MÉSTICOS BÁSICOS E INGREDIENTES

Independientemente de lo bien equipada que tengas la cocina, hay algunos básicos poco habituales que reco-miendo e incluyo otros que deberías tener en cuenta, incluidos cuáles son los electrodomésticos que nece-sitarás para unos resultados óptimos.

También te contaré en qué consisten los ingredien-tes que uso, qué función tienen, cómo elegirlos y qué nos aportan, todo ello desde mi experiencia personal. En la red puedes encontrar especificaciones técnicas si las necesitas.

MOLDES

DÓNUTS® Puedes comprar moldes metálicos o de silicona. Ambos funcionan bien pero a la larga van mejor los de silicona.

CUPCAKES O MUFFINS Los metálicos van muy bien. Si los escoges con las paredes rectas, te servirán también para hacer minipanecillos.

PANES DE HAMBURGUESA Te valdrá cualquiera, tanto de silicona como de metal. Si haces la receta correctamente, no habrá problema.

GALLETAS Busca aros de distintos tamaños y poco grosor. Son muy económicos y muy prácticos.

TURRONES Y TARTALETAS El mejor es el molde metálico desmontable para turrón, aproximadamente de 22 x 10 cm.

PASTELES Y BIZCOCHOS Lo ideal es tener de distintos tamaños y desmontables. Son muy prácticos y económicos.

HORNEAR AL BAÑO MARÍA Moldes de una sola pieza. Los desmontables los puedes proteger con papel de aluminio, pero los de una pieza son mejores para el medio ambiente y para el resultado final.

ARO DE EMPLATAR Te servirá para el tartar y para conseguir que las hamburguesas tengan el mismo tamaño.

MOLDES DE HELADOS Y POLOS Los hay de muchos tamaños y formas, pero en el caso de polos con ingredientes muy bajos en calorías como los elaborados a base de fruta, leche, etc., te recomiendo que uses de tamaño mini. Saciarán tus ganas de dulce pero sin afectar a tu dieta.

MENAJE

MANGA PASTELERA Va genial para rellenar moldes y decorar. Usa mangas reutilizables, tienes de distintos tamaños y con infinidad de boquillas.

TELA PARA LECHES VEGETALES Es muy económica y el resultado está a años luz de cualquier colador. La puedes usar para la horchata o para cualquier otra leche vegetal.

LENGUAS DE DISTINTOS TAMAÑOS Para masas grandes te valdrán las de mayor tamaño, pero para recipientes pequeños o acabar más sutilmente las preparaciones te irán mejor las lenguas pequeñas y muy flexibles.

SACABOLAS El típico de las heladerías; mejor si tiene movimiento. Aprietas el mango, y una palanca hace un barrido dentro de la bola y la saca fácilmente. Te vale para acabar postres, servir helados y para los hummus.

COLADOR FINO	Ten a mano uno pequeño. No ocupa nada y va genial para dar el último toque a algunos platos.

ELECTRODOMÉSTICOS

GOFRERA	Parece algo muy especializado, pero cuando compruebes lo sencilla y práctica que es, verás que vale la pena. No ocupan mucho y son económicas.
PICADORA PEQUEÑA DE ASPAS LARGAS	Tiene cuchillas que cortan los alimentos, y si aguantamos el tiempo suficiente, los rompen. Es perfecta para triturar frutos secos, hacer helado o picar carne o pescado para hamburguesas. La puedes usar para hacer pesto o crema de frutos secos, aunque para esto último lo óptimo son las picadoras de impacto. Si utilizamos la picadora de aspas largas, corremos el riesgo de quemarla.
PICADORAS DE IMPACTO	Trituran al romper los alimentos y aportar calor por fricción. Para ello, tienen unas cuchillas diferentes, con un grosor mayor y no cortan. En unos segundos tendremos crema de frutos secos o un pesto muy fino. También van perfectas para preparar otras recetas como el heaven salted caramel, el no-Nutella, o el figs dates. Normalmente se comercializan como accesorio de otra máquina más grande o como uno de los distintos cabezales que tiene una picadora. Ten en cuenta que suelen funcionar bien con pequeñas cantidades, de unos 300 g máximo.
PICADORAS DE ASPAS LARGAS	Ideales para triturar masas de bizcocho o muffins. Son necesarias en caso de masas poco líquidas ya que, al triturar, hacen que se mueva toda la masa desde abajo, con lo que esta pasa por las cuchillas.
BATIDORA DE VASO	Van geniales para batidos, natillas y masas relativamente líquidas.
ROBOT DE COCINA	Si tienes la posibilidad, uno de buena calidad va genial y es bastante polivalente. Conseguirás unas texturas muy finas en muchas masas, aunque, en ocasiones, necesitarás un poco de tacto. En bizcochos donde queremos «trocitos» de frutos secos, si nos pasamos, los trituramos en exceso. Para bases de frutos secos, también hay que tener cuidado ya que, si nos pasamos, comienzan a convertirlos en crema y no es lo ideal.
BATIDORA DE VARILLAS	Son muy prácticas para montar claras o nata y suelen ser pequeñas.

SEMILLAS DE CHÍA	Son ricas en omega 3. Tienen el poder de absorber cinco veces su peso en líquido, con lo que se obtiene un efecto gelatinoso que espesa masas líquidas. En el pudín de chía, la leche de coco tiene una consistencia cercana a la del yogur. En preparaciones veganas, estas semillas pueden sustituir al huevo.
SEMILLAS DE CÁÑAMO	Son ricas en grasas saludables y proteína vegetal, y además tienen un sabor a nuez genial.
AGUA DE COCO	Se trata de la bebida que encontramos naturalmente dentro del coco. También se comercializa embotellada, aunque debes prestar atención ya que a veces viene endulzada. Evítalo. Es rica en potasio y cuenta con propiedades isotónicas.
AGUACATE	Una de mis frutas favoritas. Aporta cremosidad y grasas saludables a cualquier plato.
LECHE DE COCO	Es la leche que se obtiene a partir de la «carne» del coco. Es cremosa, similar a la nata de la leche de vaca, y aporta textura a las salsas, además de un sabor genial.
BEBIDA DE COCO	Similar a la leche de coco pero con una proporción mucho menor de «carne», lo que hace que tengamos una bebida muy parecida a cualquier leche vegetal. Puedes prepararla de forma parecida a la horchata (pág. 38).
LEVADURA NUTRICIONAL	Una levadura inactiva (no se usa para fermentar) rica en micronutrientes que en las recetas veganas nos va a dar un toque que hará que las preparaciones tengan un ligero sabor a queso, como en el queso vegano o en el pesto.
CÚRCUMA	Se trata de una especia con poder antiinflamatorio, que nos da sabor a las preparaciones con un ligero toque picante. Además es un potente colorante natural.
TAMARI	Es una salsa de soja que no lleva trigo añadido y por lo general contiene menos sal que la que encontramos habitualmente.
SÉSAMO NEGRO	Con propiedades y sabor parecidos a los del sésamo tostado, tiene la peculiaridad de quedar muy vistoso en la presentación de muchos platos.
CILANTRO	Me encanta usarlo con el pescado. El caso del cilantro es muy curioso: es una hierba que o la amas o la odias. Esto es así porque genéticamente estamos preparados para comerla o no, por eso, a quien no la puede tomar, le sabe a lejía.

DÁTILES	Mi endulzante favorito. Normalmente encontramos dos variedades, el Medjoul (el más gordito) o el Deglet Nour (más pequeño). Las dos valen para todas las recetas, aunque es más dulce y más fácil de integrar la primera. La ventaja de la segunda es que resulta mucho más económica.
CANELA	Una especia que va genial en los postres y sobre todo combinada con jengibre o vainilla. Además, ¡es un potente afrodisíaco!
JENGIBRE	Se trata de una especia antiinflamatoria y con un potente sabor que puedes usar tanto en dulces como en platos salados, normalmente para dar un toque oriental, como en el pollo thai.
ANACARDOS	Fruto seco de sabor suave que podemos usar en muchas recetas en las que queramos dar el toque de este tipo de frutos pero sin que predomine demasiado.
ALMENDRAS	Aportan un ligero sabor a turrón cuando las usamos tostadas en cualquier receta.
XILITOL	Es un endulzante natural que se obtiene del abedul. Cuenta con un índice glucémico muy bajo y no tiene azúcares.
ERITITROL	Otro endulzante natural, sin azúcares y más bajo en calorías que el xilitol.
CHOCOLATE	Cuanto más porcentaje de cacao, más saludable es. En mis postres suelo usar el que tiene un porcentaje del 80 %, con una proporción alta de cacao pero tampoco excesiva. De esta forma se obtienen elaboraciones más suaves y el chocolate se comporta mejor con el calor que si fuera el 100 % cacao.
NATA	Usa siempre nata con un mínimo de 35 % de materia grasa. La «nata ligera» está más procesada y sustituyen la grasa eliminada por otros ingredientes menos saludables. La nata entera es más natural.
ALMIDONES DE YUCA Y PATATA	Con un efecto absorbente parecido a la maicena, tienen el poder de dar elasticidad a las masas, en sustitución del efecto del gluten. Cuentan con un contenido alto en hidratos de carbono de buena calidad y son un prebiótico natural.
NIBS DE CACAO	Se trata de los granos de cacao puro, como trocitos del fruto de esta planta. A partir de los nibs se obtiene el cacao en polvo, aunque normalmente se comercializa desgrasado.

CACAO PURO EN POLVO	Cacao desgrasado y pulverizado. Es importante que solo lleve cacao como ingrediente.
EDAMAME	Son las semillas de soja, una legumbre alta en proteínas muy utilizada en la cocina japonesa.
POLVO DE HORNEAR	Se trata de la típica levadura pastelera. Da volumen a las masas al crear burbujas de forma química. Se reactiva rápidamente, por lo que conviene no dejarla actuar mucho tiempo antes de hornear un bizcocho.
PISTACHOS	Uno de mis frutos secos preferidos. Tienen un sabor genial, no hace falta tostarlos y además confieren un color muy especial a las preparaciones.
HIGOS SECOS	Frutas deshidratadas con un alto poder endulzante pero con un sabor más pronunciado que los dátiles. Si endulzas con dátiles, no notarás que están, al contrario que con los higos. Es importante que los encuentres naturales ya que muchas veces los venden rebozados en harina.
ACEITE DE COCO	Es la grasa procedente del coco. Es rico en grasas saludables y tiene el poder de dar consistencia a las masas al endurecerse con el enfriado.
HARINA DE COCO	Se obtiene del coco seco y tiene un alto poder absorbente.
COPOS DE AVENA SIN GLUTEN	La avena es naturalmente libre de gluten pero muchas veces lo contiene por contaminación cruzada al manipularse cerca de donde se preparan cereales con gluten.
KOMBUCHA	Es un té fermentado espumoso, con sabor ligeramente ácido y propiedades probióticas.
QUINOA	Se trata de un pseudocereal libre de gluten y con un alto contenido en fibra y proteínas.
TRIGO SARRACENO	Es un pseudocereal libre de gluten y con un alto contenido en fibra y proteínas.
TÉ MATCHA	Té de origen japonés, del cual consumimos la hoja entera molida. Tiene más propiedades nutricionales que otros tés, además de dar un color verde especial a las preparaciones y un toque de sabor genial.

INGREDIENTES CLAVE

ARROZ ROJO	Arroz integral de color rojizo y de grano largo.
ARROZ NEGRO	Arroz integral de color negro y ligeramente aromático.
PLÁTANO MACHO	El plátano comúnmente llamado «para freír». Es más grande que el de Canarias y para consumirlo hay que cocinarlo.

RECETAS

LOS
BÁSICOS

GRANOLA PALEO

RACIONES
10

PREPARACIÓN Y HORNEADO
15'

REPOSO
30'

MONTAJE
5'

La granola paleo es el complemento perfecto para tu desayuno o para dar el toque final a cualquier postre. Para prepararla, haremos una galleta sencilla y luego añadiremos el resto.

GALLETA

200 g de almendras crudas

80 g de dátiles deshuesados y remojados (hidratados 10 minutos en agua caliente)

40 g de aceite de coco

3 g de canela en polvo

2 g de jengibre en polvo

Tritura las almendras hasta que queden casi en polvo.

Añade los dátiles escurridos y el aceite de coco, la canela y el jengibre, y vuelve a triturar.

Extiende la preparación en una bandeja de horno cubierta con papel vegetal, de forma que quede lo más fina posible.

Hornea unos 10 minutos a 180 °C.

Deja enfriar completamente, rompe la galleta en trozos pequeños y añade el resto de los ingredientes.

TOPPINGS

20 g de láminas de coco

40 g de pistachos picados a mano

10 g de bayas de goji

10 g de nibs de cacao

Agrega estos ingredientes a la galleta desmenuzada.

Mezcla bien y conserva en un recipiente hermético de cristal.

TIPS

Puedes sustituir las almendras de la galleta por anacardos, los dátiles por higos secos o añadir tus frutas y frutos secos preferidos para darle un toque más personal. Prepara la granola mientras estás preparando la comida o la cena y ¡la tendrás lista solo con abrir el bote!

Valor nutricional por ración: CAL 108 / HC 4,5 g / PRO 3,5 g / GRA 8,5 g

HEAVEN SALTED CARAMEL

Si eres fan del toffee, esta receta te va a encantar, porque tiene una textura parecida, un sabor increíble, no resulta empalagoso y encima es saludable (si no te comes el bote de golpe, claro).

INGREDIENTES

200 g de anacardos

160 g de dátiles sin hueso

60 g de agua

2 g de sal

Tuesta los anacardos en el horno 8 o 10 minutos a 180 ºC. ¡Vigila que no se quemen!

Sumerge los dátiles en agua caliente.

Tritura los anacardos hasta obtener una crema. Si lo haces cuando aún estén calientes, tardarás menos, ya que pasará menos tiempo hasta que liberen sus aceites.

Ahora, añade los dátiles escurridos, el agua y la sal y tritura hasta obtener una crema lo más homogénea posible.

Pasa a un recipiente y conserva herméticamente en frío.

TIPS

Cuando quieras usar este caramelo, solo tienes que coger una cucharada y calentarlo muy ligeramente para que se ablande un poco.

Si quieres usar una gran cantidad de la que tienes reservada, puedes activarla fácilmente con un poco de leche de coco y volverlo a triturar.

Valor nutricional por ración: CAL 80 / HC 7,5 g / PRO 2,5 g / GRA 5 g

FIGS
DATES

Un dulce de higos y dátiles que aporta dulzor a cualquier receta, con un toque extra de sabor al del típico dulce de dátiles. Es perfecto para endulzar pasteles y porridges, y para acompañar un yogur o cualquier otro postre.

INGREDIENTES

100 g de dátiles sin hueso

65 g de higos secos

60 g de agua

Hidrata los higos y los dátiles en agua caliente al menos 10 minutos.

Escurre los dátiles y los higos y tritúralos con el agua.

Cuece la preparación unos minutos a fuego medio sin dejar de remover.

Vuelve a triturar ¡y listo!

Ahora, deja que se enfríe y guárdalo en un recipiente hermético en la nevera.

MATERIAL

picadora

TIPS

En muchas recetas verás que se hidratan los dátiles igual que en esta, ya que de esta manera al triturarlos quedan más cremosos y la preparación se reparte mejor cuando la mezclamos con otras, con lo que se distribuye el dulzor de forma más uniforme.

Valor nutricional por ración: CAL 43,5 / HC 10,5 g / PRO 0,5 g / GRA 0,1 g

OR-XATA

Los valencianos tenemos una frase, «*açò és or, xata!*», que viene siendo «¡esto es oro, chata!», y es que para nosotros la horchata lo es. Se trata de una bebida vegetal típica de Valencia, concretamente de Alboraia, donde se cultiva la chufa, de cuyo fruto se obtiene. Es muy apreciada por todos los valencianos y estoy seguro de que tú también te vas a enamorar cuando la pruebes.

Pero lo más importante es que esta versión es la más saludable que puedas encontrar sin renunciar al sabor auténtico.

INGREDIENTES

250 g de chufa de Valencia DO (si no la consigues en tiendas o supermercados, puedes pedirla en herbolarios o en la red)

120 g de dátiles sin hueso

1 l de agua mineral

Limpia y pon en remojo la chufa unas 15 horas.

Remoja los dátiles en agua caliente 10 minutos.

Tritura todos los ingredientes unos minutos a máxima potencia.

Escurre bien, ayudándote de una bolsa de tela para leche vegetal. Es muy económica, fácil de encontrar en la red y muy efectiva.

Pasa la bebida a una botella o varias individuales y consérvalas en frío.

MATERIAL

picadora potente (mejor de vaso o un robot)

bolsa de tela para leche vegetal

TIPS

No se puede guardar mucho tiempo, por lo que lo ideal es tomarla en un par de días.

Si no te da tiempo, aprovéchala para preparar este cheesecake de horchata (pág. 146).

Valor nutricional por ración: CAL 180 / HC 6 g / PRO 3 g / GRA 9 g

POTATOAST

RACIONES
6

PREPARACIÓN **1'** HORNEADO **25'**

Unas tostadas de pan de patata saludables, con los hidratos de carbono de este tu-bérculo y nutritivas gracias a las proteínas y las grasas del huevo. No llevan harina, se preparan en 1 minuto y ¡están muy buenas!

INGREDIENTES

60 g de almidón de patata

20 g de leche en polvo

2 huevos

8 g de polvo de hornear

1 cucharadita de sal

Precalienta el horno a 170 °C.

Engrasa los moldes.

Reparte la masa.

Hornea 25 minutos a 170 °C (hasta que comiencen a tostarse).

Cuando se enfríen, corta los panes por la mitad, envasa y congélalos para usar en otro momento.

Antes de emplear el pan, tuéstalo.

TOPPINGS

tomate natural con aove, ajo picado, jamón ibérico y cebollino

burrata y garbanzos especiados

aguacate machacado y salmón ahumado marinado en tamari y sésamo

MATERIAL

moldes redondos de 8 a 12 cm Ø

TIPS

Salen 6 panes finos o 4 más gorditos, todos de 10 cm de diámetro. En la foto aparecen tres panes cortados por la mitad. Puedes hacer la versión mini de 7 cm, como en la receta de las minituna burgers (pág. 142).

Valor nutricional 2 tostadas: CAL 208 / HC 31 g / PRO 10 g / GRA 6 g

NO-NUTELLA

¡La mejor crema de cacao que vas a encontrar! Sin frutos secos, fácil de preparar, rápida, saludable, con una textura perfecta (incluso tras refrigerar) y un sabor increíble.

INGREDIENTES

120 g de dátiles sin hueso

100 g de aguacate

100 g de leche de coco

40 g de cacao puro en polvo

Hidrata los dátiles 10 minutos en agua caliente.

Escúrrelos y tritúralos con el resto de los ingredientes ¡y listo! Transfiere la preparación a un recipiente hermético y refrigera.

La puedes usar para añadir a tus porridges, rellenar pasteles, hacer helados ¡o para lo que se te ocurra!

MATERIAL

picadora de aspas largas o un robot de cocina

Valor nutricional por ración: CAL 72 / HC 7,5 g / PRO 2 g / GRA 4 g

BEST VEGAN CHEDDAR

RACIONES

4

PREPARACIÓN

25'

¡El cheddar perfecto para dipear! Es saludable, bajo en grasas, cremoso y con un sabor impresionante.

INGREDIENTES

320 g de patata pelada

80 g de boniato pelado

20 g de aove

15 g de levadura nutricional

½ diente de ajo (sin germen)

¼ de cucharadita de pimienta negra

2 g de sal (al gusto)

½ cucharadita de cúrcuma en polvo

Corta el boniato y la patata en trozos pequeños y cuécelos unos 15 minutos.

Tritura con el resto de los ingredientes hasta obtener una textura uniforme.

Sirve la preparación con sticks de yuca.

STICKS DE YUCA

Corta una yuca en bastones de 8 o 10 cm de largo y 1 cm de ancho.

Imprégnalos con hierbas provenzales, pimienta, sal y aove, y hornea unos 20 minutos a 180 °C.

Haz esto mientras preparas el queso.

TIPS

Usa este queso para acompañar recetas como los veg mex nachos (pág. 92) o el mac&cheese (pág. 130).

Valor nutricional por ración: CAL 150 / HC 21 g / PRO 2 g / GRA 7 g

CRUNCHY EDAMAME

Las habas de soja, o edamame, son un snack, guarnición o acompañamiento perfecto para cualquier plato. Especiadas y crujientes, con un sabor genial y dos formas de prepararlas en función del tiempo que tengas para prestarle atención (lo entenderás más abajo).

INGREDIENTES

200 g de edamame (puedes comprarlo congelado y pelado, es lo más fácil)

¼ de cucharadita de cúrcuma

¼ de cucharadita de pimentón dulce

¼ de cucharadita de pimienta negra

½ cucharadita de orégano

1 cucharada de aove

sal al gusto

Poco tiempo para prestar atención: Hornea las habas 25 minutos a 200 °C. Remueve cada 10 minutos.

Algo de tiempo para prestar atención: Saltea el edamame en una sartén unos 8 minutos a fuego medio.

Úsalo
- en ensaladas o poke bowls
- acompañando platos como the best steak tartare (pág. 114) o el o-mega carpaccio (pág. 116)
- como snack entre horas

Valor nutricional por ración: CAL 379 / HC 2 g / PRO 22 g / GRA 21,5 g

PICAR SIN
REMORDIMIENTOS

LI-MANGO PORRIDGE

El porridge, o gachas de avena, es un desayuno habitual entre los británicos y cada vez más entre nosotros. Los copos de avena se cuecen con leche y luego añades tus toppings preferidos. Es una forma genial de incorporar fruta y nutrientes a nuestro desayuno. En esta receta le cedemos todo el protagonismo al mango, con un toque aún más fresco gracias a la lima.

INGREDIENTES

50 g de copos de avena sin gluten

30 g de semillas de cáñamo

180 g de leche ecológica (leche vegetal para los veganos)

1 mango pelado, unos 250 g (no te preocupes si te pasas ligeramente o no llegas; no abras otro mango si te falta un poco de fruta)

En un cazo cuece a fuego medio la avena y las semillas de cáñamo con la leche.

Lleva a ebullición, baja el fuego y cuece 3 o 5 minutos.

Mientras tanto, pela y tritura el mango.

Mezcla la avena cocida con el mango en un bol.

TOPPINGS

40 g de caramelo salado de anacardos (pág. 34)

30-40 g de fruta de temporada

20 g de granola paleo (pág. 32)

media lima rallada

TIPS

Es un buen desayuno postentrenamiento, gracias a las vitaminas de las frutas, los hidratos de carbono de la avena y las proteínas de las semillas de cáñamo.

Valor nutricional por ración: CAL 840 / HC 104 g / PRO 30 g / GRA 35 g

OVERNIGHT CARROT CAKE OATS

RACIONES
1

PREPARACIÓN 5' REPOSO 12h MONTAJE 5'

El desayuno perfecto si no tienes tiempo por las mañanas. Prepara la mezcla la noche anterior, refrigérala y por la mañana decórala ¡y a disfrutar! Sentirás que te comes un auténtico carrot cake a la vez que coges fuerzas para todo el día. Es parecido al porridge, pero en vez de cocer la avena, la hidratamos. Además, absorbe los sabores de los ingredientes que añadimos para el macerado.

INGREDIENTES

50 g de copos de avena ecológica sin gluten

60 g de zanahoria rallada

120 g de leche ecológica

125 g de yogur natural

2 g de canela en polvo

1 g de jengibre en polvo

Mezcla todos los ingredientes y pasa la preparación a un bol o táper.

Cierra bien y refrigera toda la noche.

TOPPINGS

20 g de queso mascarpone

20 g de caramelo salado de anacardos (pág. 34)

20 g de arándanos

20 g de granola paleo (pág. 32)

zanahoria rallada

Sírvete lala mezcla de avena en un bol.

Añade los toppings ¡y a comer!

TIPS

Dale la vuelta a tu pastel preferido y conviértelo en overnight oats, red velvet, banoffee, lemon pie...

Valor nutricional por ración: CAL 630 / HC 32 g / PRO 26 g / GRA 30 g

PUDIN DE CHÍA

Tan sencillo como mezclar semillas de chía con leche de coco y tan delicioso como sentir una explosión de fruta en cada cucharada. Lo ideal es prepararlo la noche anterior para que se hidraten bien las semillas de chía, aunque con unos 10 minutos bastaría si se te olvidó. Luego añade los toppings ¡y a disfrutar!

INGREDIENTES

150 g de leche de coco (bebida de coco, la de brick)

30 g de semillas de chía

150 g de mango fresco

150 g de fresas (pueden ser congeladas)

50 g de agua

20 g de granola paleo (pág. 32)

Cuece las fresas con el agua 10 minutos a fuego medio hasta que reduzcan.

Entretanto, mezcla la leche de coco con las semillas. Remueve de vez en cuando durante los primeros minutos para que no se aglutinen las semillas y se hidraten bien.

Reserva el pudin bien cerrado en la nevera.

Tritura las fresas cocidas y resérvalas también en la nevera.

Al día siguiente, tritura el mango y pásalo al vaso donde vayas a servirte.

Sobre el mango, añade, en este orden, el pudin y la mermelada de fresa.

Por último, agrega un poco de granola paleo ¡y a disfrutar!

TIPS

Es una bomba de nutrientes gracias a los ácidos grasos saludables de la chía y a las vitaminas de la fruta.

Valor nutricional por ración: CAL 422 / HC 42,5 g / PRO 12 g / GRA 21 g

CHOCO PANCAKES

¡Las mejores tortitas que encontrarás! Fáciles de preparar, saludables, cremosas y con un sabor brutal. Tritura, cuece, añade el chocolate ¡y ya está!

INGREDIENTES

1 de plátano de Canarias

1 huevo ecológico

30 g de almidón de yuca o de patata

15 g de cacao puro en polvo

Tritura todos los ingredientes.

Pon a calentar una sartén antiadherente mientras reposa la masa.

Vierte en la sartén una cucharada de masa, y dale forma circular con el dorso de la cuchara.

Cuando comience a cuajar, dale la vuelta y cuece la tortita unos segundos más. Retira y continúa con el resto de la masa.

TOPPINGS

20 g de chocolate puro fundido (a mí me gusta del 90 %)

1 cucharadita de nibs de cacao

frambuesas

Apila las tortitas y báñalas con el chocolate fundido.

Añade los nibs y las frambuesas ¡y sirve!

TIPS

Prueba con otras frutas como el mango o la papaya para disfrutar del postentrenamiento perfecto.

Valor nutricional por ración: CAL 450 / HC 56 g / PRO 13 g / GRA 18 g

OREO SALUDABLES

 PREPARACIÓN 30'
 HORNEADO 10'

Si eres fan de las Oreo y quieres disfrutarlas de forma casera, ¡aquí tienes la solución! Con unos sencillos pasos obtendrás una versión sana y deliciosa de estas conocidas galletas.

INGREDIENTES

200 g de almendras

80 g de cacao

1 huevo ecológico

85 g de eritritol o xilitol

20 g de almidón de yuca o de patata

2 g de sal

10 g de harina de coco

50 g aceite de coco

Tritura las almendras hasta que queden casi en polvo.

Introduce todos los ingredientes en un bol y mezcla manualmente hasta que combine todo.

Coloca la masa entre dos papeles de horno y con la ayuda de un rodillo amasa hasta que quede fina (unos 3 mm).

Con un aro de unos 5 cm de diámetro marca y presiona hasta que se corte la masa, pasa la galleta a un nuevo papel de horno y continúa con el resto de la masa. Repite el proceso con lo que sobre de masa.

Hornea 9 o 10 minutos a 190 °C.

Deja que se enfríen completamente.

RELLENO

150 g de coco seco

100 g de patata cocida

20 g de eritritol o xilitol

20 g aceite de coco

Tritura el coco hasta que quede líquido.

Añade el resto de ingredientes y tritura hasta que quede uniforme.

Con la ayuda de una manga pastelera, reparte el relleno sobre una galleta y tapa con otra galleta.

MATERIAL

picadora de aspas largas

aro de 5 cm Ø

TIPS

Si quieres que queden negras, usa cacao sin alcalinizar, que es el que empleamos habitualmente. Lo encontrarás en tiendas de repostería.

Valor nutricional por ración: CAL 170 / HC 10 g / PRO 6 g / GRA 10,5 g

MOJITO BALLS

¡Unas bolas energéticas con auténtico sabor a mojito y superfáciles de preparar! ¿Se puede pedir más? Pistachos picados para dar cuerpo, dátiles para endulzar, aceite de coco para compactar y lima y hierbabuena para «mojitear». ¡Vamos con ellas!

INGREDIENTES

160 g de pistachos pelados

80 g de dátiles sin hueso

50 g de aceite de coco derretido

1 lima exprimida

6 hojas de hierbabuena picadas

Tritura los pistachos.

Añade el resto de los ingredientes y tritúralos hasta obtener una textura uniforme.

Coge una cucharada de masa y dale forma redonda con las manos. Intenta que las bolitas queden lo más compactas posible.

REBOZADO

40 g de pistachos picados

ralladura de 1 lima

Mezcla los pistachos con la ralladura en un bol pequeño.

Reboza cada bola.

Refrigéralas para que queden más compactas.

MATERIAL

picadora de aspas largas

TIPS

Te aportan energía entre horas.
¡O acompáñalas con the good mojito (pág. 180)!

Valor nutricional por ración: CAL 190 / HC 10,5 g / PRO 4,5 g / GRA 14 g

TOO ADDICTIVE
TWO INGREDIENTS
BALLS

PREPARACIÓN 10' REPOSO 30' MONTAJE 10'

Unas bolas impresionantes de chocolate y calabaza asada. Cuando asas calabaza, sieeempre sobra, ¿verdad? Mézclala con chocolate y obtendrás unas bolas que se van a convertir en tu vicio más brutal.

INGREDIENTES

200 g de chocolate puro (el mío es del 80 %)

200 g de calabaza asada (si no tienes calabaza asada, trocea una calabaza y cuécela en el micro en un recipiente hermético con un poco de agua 7 minutos a tope)

Tritura el chocolate con la calabaza. Pasa la preparación a un bol y congélala 30 minutos.

Cuando cuaje, saca el bol e introdúcelo en un bol más grande con hielo (para que no se derrita la masa).

Saca una cucharada de masa y dale forma redonda con las manos compactando pero sin manipular en exceso. Es como plastilina.

Forma todas las bolas y mételas en el congelador mientras preparas la cobertura.

COBERTURA

200 g de chocolate puro fundido (lo puedes aligerar con aceite de coco)

Introduce el chocolate en un vaso.

Con la ayuda de dos tenedores, baña cada bola en el chocolate. Extrae, sacude con cuidado para que caiga el exceso de chocolate y pasa a un papel vegetal para que cuaje.

Por último, con la ayuda de una cucharilla dibuja unos hilos de chocolate.

MATERIAL

picadora

TIPS

Te sobrará la mitad del chocolate de la cobertura, así que consérvalo y aprovéchalo en otra receta. Se trata de un capricho para una tarde de Netflix. Aprovecha un capítulo para el primer reposado, otro para el segundo ¡y el tercero para disfrutarlas!

Valor nutricional por ración: CAL 116 / HC 6 g / PRO 2 g / GRA 9 g

HEALTHY SNICKERS

RACIONES
10

PREPARACIÓN 15' REPOSO 8h MONTAJE 10'

Te presentamos las irresistibles y famosas barritas Snickers, con su galleta de vainilla, el relleno de caramelo con tropezones de fruto seco y el baño de chocolate, en su versión más saludable y deliciosa.

INGREDIENTES

100 g de anacardos tostados (8 o 10 minutos a 180 ºC en el horno o unos minutos en la sartén sin dejar de remover)

10 g de harina de coco

50 g de dátiles sin hueso

35 g de aceite de coco

5 g de esencia de vainilla

Tritura los anacardos.

Añade el resto de los ingredientes y tritura la preparación hasta obtener una textura uniforme.

Pasa la preparación a un molde de turrón de 22 x 9 cm, y presiónala con los dedos para que se compacte.

Refrigera 10 minutos en el congelador; será suficiente.

RELLENO

150 g de caramelo salado de anacardos (pág. 34)

30 g de anacardos ligeramente picados

Mezcla el caramelo con los anacardos.

Sobre la base de anacardos, reparte esta masa e introduce el molde en el congelador unas 8 horas.

COBERTURA

400 g de chocolate

50 g de aceite de coco

Funde el chocolate al baño maría, añade el aceite de coco, mezcla bien y reserva.

MATERIAL

molde de 22 x 9 cm

picadora

Desmolda la masa, córtala en forma de barritas de unos 2 cm de grosor y colócalas sobre una rejilla cubierta con papel de horno o con una bandeja debajo para recoger el chocolate sobrante. Con ayuda de una jarra, baña las barritas y, por último, dibuja unas líneas finas de chocolate empleando una cucharilla.

Valor nutricional por ración: CAL 300 / HC 18 g / PRO 7 g / GRA 24 g

RAW
CARROT CAKE

RACIONES
9

PREPARACIÓN **10'**   REPOSO **24h**   MONTAJE **15'**

Cuesta decir que no a un carrot cake, y más si es... saludable, fácil ¡y sin horno! Con muy pocos pasos vamos a preparar un pastel de zanahoria aromático y delicioso.

INGREDIENTES

200 g de zanahoria pelada

120 g de higos remojados (puedes usar 150 g de figs dates, pág. 36)

100 g de almendras tostadas

150 g de garbanzos cocidos

50 g de aceite de coco

5 g de canela

3 g de jengibre en polvo

Tritura las zanahorias.

Añade el resto de los ingredientes y vuelve a triturar.

Pasa la preparación a un molde de 17 x 17 cm y refrigérala hasta el día siguiente.

FROSTING

150 g de coco seco rallado

120 g de patata cocida

30 g de eritritol o xilitol

50 g de granola paleo (pág. 32)

Tritura el coco hasta que quede líquido.

Añade la patata cortada en dados y el edulcorante, y tritura hasta obtener una textura uniforme.

Reparte la cobertura sobre el pastel.

Decora con granola ¡y sirve!

MATERIAL

picadora de aspas largas

molde cuadrado de 17 cm

TIPS

Es clave triturar en un procesador de aspas largas o un robot de cocina con la base muy ancha. Se trata de una masa muy poco líquida y necesita un movimiento muy completo.

Valor nutricional por ración: CAL 347 / HC 25 g / PRO 7,5 g / GRA 25 g

EL MEJOR DESAYUNO DEL MUNDO

PREPARACIÓN Y HORNEADO
45'

MONTAJE
10'

El mejor por muchas razones: es superfácil de preparar, siempre sale perfecto, es saludable ¡y está muy bueno! Se trata de un bizcocho de boniato y pistacho, ingredientes que dan cuerpo y sabor sin necesidad de harinas, con el que vas a enamorar a todos.

INGREDIENTES BIZCOCHO

250 g de boniato crudo

175 g de higos remojados (puedes usar 200 g de figs dates)

4 huevos ecológicos

150 g de pistachos pelados

16 g de polvo de hornear

5 g de esencia de vainilla

3 g de jengibre en polvo

1 g de sal

Hidrata los higos 10 minutos en agua caliente y precalienta el horno a 180 ºC.

Introduce todos los ingredientes en la picadora.

Cubre con papel de horno un molde de 25 x 11 cm (te vale también redondo de 17 cm o cuadrado de 19 x 19 cm).

Pasa la mezcla al molde y hornea 30 o 35 minutos. Comprueba el punto de cocción a partir del minuto 25 introduciendo un cuchillo fino, que debe salir húmedo pero limpio.

COBERTURA

50 g de chocolate puro (80 %)

70 g de leche de coco (la que viene en lata)

frutos del bosque

hierbabuena

Calienta la leche de coco y en un bol mézclala con el chocolate picado.

Remueve hasta que se disuelva el chocolate y reparte la cobertura sobre el bizcocho.

Decora con los frutos del bosque y la hierbabuena ¡y sirve!

MATERIAL

picadora de aspas largas

molde de 25 x 11 cm

TIPS

Si tienes un robot de cocina potente, añade los pistachos al final y pica unos segundos más para que te queden algunos trocitos.

Cuando estés haciendo la cena, aprovecha para preparar este bizcocho, ya que lleva poco trabajo y se hornea mientras cocinas o cenas.

Valor nutricional por ración: CAL 268 / HC 25 g / PRO 9 g / GRA 15 g

gluten Free paleo

NAPOLITANAS DE CHOCOLATE

Cuando ves una napolitana, giras la cara porque engordan solo de mirarlas, ¿verdad? Pero las napolitanas no engordan, ¡engorda el que se las come! Aquí tienes unas que no te van a provocar este efecto (si no las tomas todas, claro) y que además quedan crujientes y superbuenas.

INGREDIENTES MASA DE NAPOLITANA

205 g de almidón de yuca

100 g de harina de almendras (o almendras muy picadas)

45 g de aceite de coco

100 g de leche

20 g de xilitol

Combina todos los ingredientes en un bol y mézclalos con una espátula.

Extiende la mitad de la masa sobre un papel de horno. Coloca otro encima y estírala lo máximo que puedas con un rodillo. Intenta que te quede un rectángulo.

RELLENO

OPCIÓN 1
100 g de anacardos tostados

100 g de dátiles remojados

40 g de cacao

40 g de agua

OPCIÓN 2
añade 40 g de cacao a 200 g de caramelo salado de anacardos (pág. 34)

Tritura los anacardos hasta obtener una manteca.

Añade el resto de los ingredientes y vuelve a triturar.

MONTAJE

Imagina que divides el rectángulo a lo largo en 3.

Añade el relleno en la parte central y cierra las otras dos encima del relleno.

Dale la vuelta, corta las napolitanas y píntalas con una yema batida.

Hornea 25 minutos a 180 ºC hasta que se tuesten.

Decora con un poco de chocolate fundido ¡y sirve!

MATERIAL

picadora

rodillo de amasar

Valor nutricional por ración: CAL 290 / HC 32 g / PRO 6,5 g / GRA 15 g

MOM
BROWNIE

RACIONES
9

PREPARACIÓN
12'

HORNEADO
25'

Para todos, pero sobre todo para ellas. El jengibre reduce las náuseas, los dátiles favorecen la dilatación en el parto y el chocolate calmará los antojos. Además de ser saludable, ¡está brutal!

INGREDIENTES

190 g de calabaza cruda

160 g de dátiles remojados (o 180 g de figs dates, pág. 36)

50 g de cacao puro en polvo

4 huevos ecológicos

10 g de jengibre fresco

30 g de aceite de coco

70 g de aguacate

80 g de chocolate puro del 80 % fundido

80 g de chocolate puro del 80 % picado

Hidrata los dátiles en agua caliente 10 minutos.

Precalienta el horno a 180 °C.

Tritura todos los ingredientes juntos, salvo el chocolate picado.

Añade y mezcla con una espátula el chocolate picado.

Pasa la mezcla a un molde de 17 x 17 cm cubierto con papel de horno.

Hornea 25 minutos a 180 °C.

Deja enfriar, desmolda, decora con un poco de chocolate ¡y sirve!

MATERIAL

molde de 17 x 17 cm

picadora de aspas largas o robot de cocina

TIPS

Recién hecho está supertierno y cremoso, pero si dejas que se enfríe en la nevera, los trocitos de chocolate se solidifican y dan un toque *crunchy* espectacular.

Valor nutricional por ración: CAL 256 / HC 22 g / PRO 6,5 g / GRA 16 g

TURRÓN SALUDABLE

PREPARACIÓN **15'** / HORNEADO **10'**

El turrón es una de las barritas energéticas más antiguas. Se elabora con almendras tostadas y miel, pero si le hacemos un pequeño ajuste, podremos comerlo sin remordimiento. Sustituye la miel por los dátiles, que aportan dulzor, y añade aceite de coco para poder compactar.

INGREDIENTES

300 g de almendras peladas crudas

120 g de dátiles

40 g de aceite de coco

Tuesta las almendras en el horno 10 o 12 minutos a 180 °C.

Tritura la mitad de las almendras hasta que queden en trocitos muy pequeños, añade la mitad de los dátiles y la mitad del aceite de coco y vuelve a triturar. Reserva.

Tritura la otra mitad de las almendras hasta que queden en polvo, justo antes de comenzar a convertirse en crema.

Incorpora el resto de los dátiles y del aceite de coco y vuelve a triturar.

Combina las dos preparaciones y pasa la mezcla al molde.

Reparte la masa y presiona bien para que quede lo más compacta posible.

Cubre con film transparente y coloca peso encima. Refrigera dos días sin quitar el peso de encima.

MATERIAL

molde de 22 x 9 cm

picadora de aspas largas o robot de cocina

TIPS

Haz tus propias combinaciones a partir de esta receta: añade cacao a la mitad de la base, baña en chocolate, agrega fruta, vainilla... ¡o lo que se te ocurra! Da rienda suelta a tu imaginación.

Valor nutricional por ración: CAL 249 / HC 10,5 g / PRO 8 g / GRA 19 g

ESPAÑOLA
DE JAMÓN
CON TOMATE

PREPARACIÓN
25'

La tortilla de siempre, pero adaptada al nuevo ritmo de vida. No tenemos tiempo, queremos comer saludable y, encima, que esté muy bueno. Más fácil de lo que crees, sigue leyendo...

INGREDIENTES

400 g de patata pelada

100 g de cebolla pelada

4 huevos ecológicos

100 g de tomate natural rallado

15 g de aove

¼ de cucharadita de orégano seco ecológico

½ diente de ajo picado

sal

60 g de jamón ibérico sin aditivos

Cuece la patata y la cebolla como te cuento en la receta de los muffins de tortilla de patatas (pág. 98)

Vierte unas gotas de aceite en una sartén antiadherente, bate los huevos en un bol, añade la patata y la cebolla, mezcla, ajusta de sal y cuece la preparación en la sartén.

Mientras tanto, prepara la salsa de tomate. Ralla el tomate, retira el agua sobrante, agrega el ajo, el resto del aove, un poco de sal y el orégano. Mezcla y listo.

Corta la tortilla, cúbrela con un poco de salsa de tomate y unas lonchas de jamón ¡y sirve!

TIPS

La clave para preparar una tortilla sin aceite está en una sartén de calidad. Puede que cueste más, pero estás comprando directamente salud...

Valor nutricional por ración: CAL 525 / HC 45 g / PRO 26 g / GRA 27 g

PUMPKIN WAFFLES

Son saludables, fáciles de preparar, salen perfectos (si tienes gofrera, sabrás que esto no siempre es fácil) y están muy buenos. Acompáñalos con tus ingredientes preferidos ¡y a disfrutar!

INGREDIENTES

200 g de calabaza cruda

2 huevos

50 g de anacardos

2 g de canela en polvo

1 g de jengibre en polvo

20 g de almidón de yuca o de patata

TOPPINGS

no-Nutella (pág. 42) y mango

caramelo salado de anacardos (pág. 34) y frambuesas

yogur griego y moras exprimidas

Calienta la gofrera a máxima potencia.

Tritura todos los ingredientes.

Impregna la gofrera con aove, y añade un par de cucharadas de masa en el centro del molde del gofre, sin llenarlo. De esta forma queda un gofre pequeño sin bordes y te saldrán 6.

Cuece el gofre 2 o 4 minutos (en función de la gofrera). Si no se despegan fácilmente, quizás les falte un poco de cocción.

Añade tus toppings preferidos ¡y sirve!

Extras: Agrega hierbabuena picada, chocolate fundido y lima exprimida.

MATERIAL

gofrera

picadora

TIPS

Al no estar endulzados, puedes acompañarlos con toppings salados.

Valor nutricional por ración: CAL 285 / HC 22 g / PRO 12 g / GRA 18 g

FAKE FERRERO

Un dátil con almendra y cubierto de chocolate crocante, similar a un Ferrero Rocher, pero mucho más saludable para poder disfrutarlo sin remordimientos. Rápido, fácil y ¡peligrosamente adictivo!

INGREDIENTES

20 almendras

20 dátiles pequeños o Deglet Nour (para endulzar prefiero los Medjoul, más grandes y carnosos)

200 g de chocolate puro (mejor si es del 80 %)

30 g de almendras picadas

Funde el chocolate al baño maría.

Deshuesa los dátiles e introduce una almendra dentro de cada uno.

Moldéalos con las manos para conseguir que el dátil quede lo más redondo posible.

Añade las almendras picadas al chocolate ya fundido y mezcla.

Con la ayuda de 2 tenedores, baña cada bola de dátil en el chocolate, sacúdelo ligeramente para que pierda el exceso de cobertura y déjalo sobre papel de horno.

Lo ideal es que cuaje a temperatura ambiente, pero si es verano, refrigera.

TIPS

Cuela el chocolate que ha sobrado para usarlo en otra receta. Con las almendras tendrás un topping perfecto para tu siguiente postre.

Valor nutricional por ración: CAL 84 / HC 10 g / PRO 1,5 g / GRA 4,5 g

FAST
HAPPY STARTS

TOSTONES GUACA GUACA

Hay mil versiones del guacamole, pero si nos desviamos, mal. Las claves: aguacate en su punto, lima, cilantro y un toque picante. Acompáñalo con unos tostones o patacones de plátano macho crujientes y saludables.

TOSTONES

2 plátanos machos verdes	Corta el plátano macho en rodajas de 1 cm.
1 cucharadita de sal	Imprégnalas con un poco de aove y sal.
1 chorrito de aove	Hornea 6 o 7 minutos a 200 °C hasta que se tuesten.
1 puñado de cilantro fresco picado	Retíralas del horno, aplástalas y hornéalas 10 o 12 minutos más por la otra cara.
	Añade un poco de cilantro y resérvalas mientras elaboras el guacamole.

GUACAMOLE

2 aguacates

30 g de cebolleta

2 tomates cherry

3 g de cilantro

un chorrito de limón

una pizca de sal

¼ de cucharadita de pimienta de cayena

Tritura todos los ingredientes hasta obtener la textura deseada.

Sirve el guacamole con los patacones de plátano.

TIPS

Es importante que el plátano no esté maduro, si no los tostones no quedarán crujientes.

Esta receta es ideal para acompañar un plato rico en proteínas como un pescado blanco.

Valor nutricional por ración: CAL 275 / HC 32 g / PRO 3 g / GRA 17,5 g

PRIDE
HUMMUS

RACIONES
6

PREPARACIÓN
25'

El hummus mola, pero si hacemos 6 versiones... ¡mola más! Es tan fácil como partir del hummus original y añadirle un ingrediente distinto para hacerlo aún más especial.

INGREDIENTES

300 g de garbanzos cocidos

50 g de tahína

30 g de zumo de limón

5 g de sal

15 g de aove

40 g de agua

Tritura todo y divide en 6 partes.

Añade el ingrediente extra y tritura:

ROSA	50 g de remolacha
MORADO	70 g de col lombarda
VERDE	20 g de rúcula y 20 g de espinacas
AMARILLO	1 g de cúrcuma
NARANJA	30 g de zanahoria y 30 g de pimiento del piquillo
ROJO	40 g de tomate seco

ACOMPAÑAMIENTOS

bimi

apio

calabaza

zanahoria

pepino

Acompaña con crudités variados.

TIPS

Prueba uno solo cada vez o pruébalos todos de golpe. En las reuniones familiares serás la estrella con este plato.

Valor nutricional por ración: CAL 413 / HC 27 g / PRO 16 g / GRA 25 g

gluten Free   Vegan   nut FREE

PIZZA
DE YUCA

RACIONES

1

PREPARACIÓN 7' HORNEADO 20' MONTAJE 5'

Fácil, sin amasado, rápida y deliciosa. Sorprenderás a todo el mundo con esta pizza hecha con almidón de yuca y sin harinas, que además es más completa que cualquier otra masa al tener el aporte proteínico y de grasas de los huevos.

MASA

2 huevos ecológicos

80 g de almidón de yuca

4 g de polvo de hornear

una pizca de sal

½ cucharadita de orégano

aove

Precalienta el horno a 200 °C con aire.

Mezcla con la ayuda de unas varillas todos los ingredientes.

Impregna ligeramente con aove un papel de horno.

Reparte la masa sobre el papel y dale forma redonda con la ayuda de una cuchara. Intenta que quede lo más fina posible.

Hornea la masa 5 o 7 minutos, hasta que esté compacta y se pueda despegar del papel.

Retírala del horno, dale la vuelta y rellénala.

TOPPINGS

80 g de tomate concentrado o salsa de tomate casera

60 g de mozzarella rallada

3 huevos ecológicos

3 g de rúcula

30 g de jamón ibérico

cebollino picado

Extiende el tomate sobre la base de pizza y reparte la mozzarella, la rúcula y los huevos crudos.

Hornea hasta que los huevos estén cocidos.

Saca del horno, añade el resto de los toppings ¡y sirve!

TIPS

Puedes preparar varias masas y congelarlas para otra ocasión.

Valor nutricional por ración: CAL 455 / HC 42 g / PRO 28 g / GRA 19,5 g

MAGIC SOBRASADA

PREPARACIÓN
20'

Suena raro, muy raro, pero te prometo que es posible. Es como la sobrasada, misma textura y mismo sabor, ¡pero con ingredientes saludables!

INGREDIENTES

150 g de tomate seco
(sin hidratar ni en aceite)

1 diente de ajo (sin germen)

80 g de anacardos

45 g de aove

10 g de pimentón dulce

2 g de sal (al gusto)

2 g de pimienta negra

100 g de agua

Para los sticks de masa de yuca, corta en tiras una base de pizza de yuca (pág. 88) y hornea 10 o 15 minutos a 200 °C con aire, hasta que queden crujientes.

Mientras se hornean, puedes preparar la sobrasada. Tritura todos los ingredientes hasta obtener una textura como la que ves en la imagen.

Sirve con los sticks de masa de yuca.

MATERIAL

robot de cocina o picadora
de aspas largas

cut

Lo ideal es un robot de cocina potente. Si no dispones de uno, tritura primero los anacardos, añade el ajo bien picado y los tomates también previamente picados. Así se tritura todo mejor y de forma homogénea.

Valor nutricional por ración: CAL 250 / HC 15 g / PRO 7,5 g / GRA 17 g

VEG MEX NACHOS

Los nachos son demasiado buenos, adictivos y poco saludables... ¡Pues vamos a cambiarlo! Estos nachos hechos con trigo sarraceno y acompañados de queso vegano y verduras te van a enamorar.

INGREDIENTES

100 g de trigo sarraceno en grano (pesado en seco)

80 g de agua

2 g de sal

1 g de ajo en polvo

1 g de pimentón dulce

2 g de pimienta negra

2 g de pimienta cayena

100 g de cheddar vegano (pág. 44)

15 g de cebolla

30 g de pimiento verde

5 g de pimiento rojo picante

40 g de tomate

cebollino picado

MATERIAL

batidora de vaso o de brazo

cortador de pizzas (más eficaz que el cuchillo)

Hidrata el trigo sarraceno. Para ello, limpia y remoja 1 hora en agua caliente o 3 horas en agua templada.

Enjuaga el trigo y tritura con el agua, el ajo, las pimientas, el pimentón y la sal.

Engrasa ligeramente un papel de horno y reparte la masa con una cuchara, de forma que quede lo más fina posible y sin huecos.

Hornea 5 o 6 minutos a 200 °C con aire.

Cuando haya cuajado y puedas despegar la masa, retírala del horno, córtala en forma de nachos, distribúyelos de nuevo en papel de horno y vuelve a hornear 10 o 15 minutos hasta que se tuesten.

Sírvelos en un bol y añade por encima el cheddar vegano.

Pica la cebolla, el pimiento verde, el tomate y el pimiento rojo picante (este muy bien picado) y repártelos sobre el queso.

Por último, espolvorea cebollino picado ¡y sirve!

Valor nutricional por ración: CAL 570 / HC 98 g / PRO 16 g / GRA 16 g

BONIATO HELENO

Una forma diferente y deliciosa de comer boniato, ¡al estilo griego! Viene horneado y acompañado de una salsa de yogur griego y garbanzos especiados, tan utilizados en la cocina helena.

INGREDIENTES

2 boniatos medianos (unos 200 g de «carne» cada uno)

200 g de garbanzos cocidos

½ cucharadita de cúrcuma

½ cucharadita de pimienta

5 g de aove

1 tomate

10 g de cebollino

1 aguacate

sésamo negro

2 g de jengibre fresco rallado

sal al gusto

Precalienta el horno a 200 ºC.

Limpia los boniatos, haz un corte en cruz en la parte superior de 2 o 3 cm de profundidad y hornea unos 50 minutos.

Mientras tanto, prepara el relleno y algún acompañante, como el carpaccio de salmón (pág. 116).

Viete el aove en una sartén y saltea los garbanzos con la cúrcuma, la pimienta y la sal.

Para la salsa de yogur, mezcla el yogur con la mitad del cebollino picado y el jengibre.

Una vez cocido el boniato, pásalo a un plato y abre el centro para que quepa el relleno.

Añade una cucharada de salsa de yogur, los garbanzos, el aguacate cortado en dados, el tomate picado, el resto del cebollino, sésamo negro, y sírvelo con un cuenco con el resto de la salsa.

TIPS

Aprovecha para asar otros alimentos al mismo tiempo que el boniato, como patatas, calabaza o más boniato para otras recetas.

Valor nutricional por ración: CAL 508 / HC 65 g / PRO 15 g / GRA 21 g

LAS MEJORES PATATAS DEL MUNDO

Habrás visto esta receta parecida, seguro, pero aquí tienes la VERSIÓN EXPRÉS. Las llamo «las mejores» porque son superfáciles de preparar, siempre salen bien, combinan con todo y si las haces con pesto como te enseño, ¡están brutales! Preparamos las patatas y luego 3 pestos diferentes.

INGREDIENTES

450 g de patatas baby o de guarnición

sal

agua

5 g de aove

Introduce las patatas en un recipiente hermético apto para microondas.

Añade un poco de sal, el aove y un poco de agua.

Cierra y cuécelas 12 minutos a máxima potencia en el microondas.

Retira las patatas del recipiente, aplástalas ligeramente presionando con la base de un vaso y pásalas unos instantes por la plancha, hasta que se dore cada lado.

Tritura cada pesto y, si es necesario, ajusta la textura con más aove o el sabor con más sal. Sirve.

PESTO DE RÚCULA

10 g de rúcula

50 g de aove

25 g de anacardos

1 g de sal

2 g de levadura nutricional

PESTO DE PISTACHOS

10 g de albahaca

50 g de aove

25 g de pistachos

1 g de sal

2 g de levadura nutricional

PESTO DE CEBOLLINO

10 g de cebollino

50 g de aove

25 g de anacardos

1 g de sal

2 g de levadura nutricional

MATERIAL

picadora

recipiente apto para microondas

Valor nutricional por ración: CAL 236 / HC 30 g / PRO 5 g / GRA 11 g

gluten Free · Vegan · paleo

MUFFINS DE TORTILLA DE PATATAS

PREPARACIÓN
15'

HORNEADO
30'

La tortilla de patatas no falla, y si tiene forma de muffin, ¡menos aún!

INGREDIENTES 12 MUFFINS

400 g de patatas peladas

150 g de leche entera ecológica

40 g de cebolla (puedes usar puerro si los quieres más suaves)

10 g de almidón de yuca o de patata

3 huevos ecológicos

16 g de polvo de hornear

sal al gusto

aove

cebollino

agua

Corta las patatas y la cebolla en trocitos, como para hacer tortilla de patatas.

Introduce en un recipiente hermético apto para microondas, añade un poco de sal, aove y agua, cierra y cuece en el microondas unos 12 minutos.

En un bol mezcla la leche, el almidón, los huevos y el polvo de hornear.

Añade la patata y la cebolla, mezcla y ajusta de sal.

Engrasa los moldes, reparte la masa y cuece unos 30 minutos en el horno precalentado a 180 °C.

Decora con un poco de cebollino picado ¡y sirve!

MATERIAL

moldes para muffins

TIPS

Son geniales para llevar a comidas fuera de casa, a un pícnic, a un evento deportivo o para que meriende tu hijo/a al salir del cole.

Valor nutricional por ración: CAL 64 / HC 8,5 g / PRO 2,5 g / GRA 2,5 g

HAPPY FALÁFEL

RACIONES
2

PREPARACIÓN
10'

HORNEADO
30'

Cuando sabes que hay faláfeles, sientes un poco de felicidad, pero si además son saludables, ¡ya es locura! Vamos a disfrutar de este clásico y aromático plato de Oriente Medio pero esta vez sin remordimientos.

INGREDIENTES

250 g de garbanzos remojados al menos 12 horas

30 g de pimiento del piquillo picado

½ diente de ajo (sin germen)

3 g de sal

5 g de hojas de cilantro fresco picadas

100 g de chalota picada

3 g de hojas perejil picadas

20 g de aove

Precalienta el horno a 190 °C.

Tritura todos los ingredientes.

Con ayuda de dos cucharas, forma los faláfeles y colócalos sobre papel vegetal.

Hornéalos unos 30 minutos, hasta que se doren.

Mezcla todos los ingredientes de la salsa de yogur.

Sirve los faláfeles sobre una ensalada sencilla y un poco de salsa.

SALSA DE YOGUR

1 yogur griego

2 g de hierbabuena picada

5 g de jengibre rallado

el zumo de ½ lima

TIPS

Son geniales como aperitivo o con una ensalada y aportan proteína vegetal de forma saludable.

Valor nutricional por ración: CAL 310 / HC 38,5 g / PRO 14,5 g / GRA 10 g

NUGGETS DE POLLO

Oyes nuggets o pollo rebozado y se te hinchan las arterias, pero con esta receta te aseguro que esto va a cambiar. Es tan simple como elegir un rebozado saludable, prepararlos en el horno y acompañar con salsa de yogur casera.

INGREDIENTES

300 g de solomillo de pollo ecológico

50 g de almidón de yuca o de patata

2 huevos batidos

100 g de anacardos

3 g de sal

1 g de pimienta negra

Precalienta el horno a 180 °C.

Corta el solomillo de pollo en tiras.

Tritura los anacardos con la sal y la pimienta y reserva.

Pasa cada tira de pollo por el almidón.

Tras el almidón, rebózalas con el huevo batido.

Pásalas por los anacardos y disponlas sobre papel vegetal.

Repite la operación hasta acabar con el pollo.

Hornea las tiras unos 25 minutos hasta que se doren como en la foto.

SALSA DE YOGUR

1 yogur griego

3 g de ajo en polvo

10 g de cebollino picado

Mezcla los tres ingredientes.

Sirve con los nuggets.

TIPS

Hemos elegido solomillo porque es mucho más jugoso que la pechuga y no suelta grasa como el muslo, que destrozaría el rebozado.

Valor nutricional por ración: CAL 466 / HC 15 g / PRO 40 g / GRA 26,6 g

PATATAS BBQ DELUXE

Firmes por fuera, cremosas por dentro, aromáticas, con un punto picantito y acompañadas de una salsa barbacoa superrápida. Y, además, ¡saludables! Es un entrante irresistible, sin necesidad de recurrir a frituras ni azúcares añadidos.

INGREDIENTES

500 g de patatas baby

1 cucharada de hierbas provenzales

½ cucharadita de pimienta

un chorrito de aove

10 g de almidón de yuca o de patata

Precalienta el horno a 200 °C con calor arriba y abajo y con aire.

Corta las patatas en gajos e imprégnalas con el resto de los ingredientes.

Colócalas sobre papel de horno y hornéalas unos 20 minutos.

Mientras se asan, prepara la salsa.

SALSA BBQ EXPRÉS

200 g de tomate

20 g de dátiles

2 g de sal

5 g de pimentón dulce

una pizca de pimienta cayena

unas gotas de aove

Pon a calentar una sartén y vierte el aove. Entretanto, introduce los dátiles en agua caliente unos minutos y ralla el tomate.

Añade el tomate y sofríelo unos minutos. Pica los dátiles.

Añade el resto de los ingredientes al tomate y sofríe unos minutos más.

Tritura la salsa para que quede sin grumos y se integren mejor todos los sabores. Sírvela con las patatas.

TIPS

Trucos para cortar las patatas en gajos: coloca la patata a lo largo y córtala por la mitad. Con la patata hacia arriba, con la ayuda de un cuchillo pequeño, realiza cortes en forma de gajo, sujetando la patata con la otra mano.

Valor nutricional por ración: CAL 235 / HC 45 g / PRO 5 g / GRA 3 g

PRINCIPALMENTE
SALUDABLES

AVO-BURGER
DE POLLO

No sé si es una ensalada en forma de hamburguesa, o una hamburguesa con ensalada, pero lo que está claro es que se trata de una opción sencilla, saludable y deliciosa de tomar una hamburguesa.

INGREDIENTES

200 g de muslo de pollo deshuesado ecológico

¼ de cucharadita de pimienta

1 g de hojas de perejil

½ diente de ajo (sin germen)

10 g de almidón de yuca o de patata

Tritura todos los ingredientes.

Forma las hamburguesas con las manos y pásalas por la plancha.

MONTAJE

2 aguacates

1 tomate

5 g de rúcula

40 g de queso (un havarti o camembert van geniales)

sésamo negro

Coloca medio aguacate de base.

Sobre él dispón la hamburguesa, el queso, el tomate, la rúcula, el otro medio aguacate y, por último, sésamo negro.

TIPS

La carne del muslo de pollo es más jugosa que otras partes, como la pechuga, por lo que nuestra hamburguesa queda menos seca sin necesitar ingredientes extra.

Acompáñala con las mejores patatas del mundo (pág. 96)

Corta un poco la curva de la base del aguacate para que tenga una superficie plana.

Valor nutricional por ración: CAL 600 / HC 27 g / PRO 30 g / GRA 45 g

MICRO
BACALAO

Tienes 2 minutos para prepararte el táper y 7 minutos para desayunar. ¿Crees que es posible elaborar un platazo para la comida? ¡Por supuesto que sí! Un bacalao al vapor.

INGREDIENTES

125 g de lomo grueso de bacalao salvaje

½ aguacate

3 o 4 floretes pequeños de brócoli (corta más pequeños si no te gustan al dente)

1 zanahoria laminada

5 g de aove

5 g de hojas de perejil

sal

½ diente de ajo picado

5 g de tamari

sésamo negro

Coloca en un recipiente apto para microondas el bacalao, el brócoli, la zanahoria, el aove, el perejil, el ajo picado y un poco de sal.

Cierra herméticamente el recipiente y cuece en el microondas a máxima potencia 6 o 7 minutos. Si abres cuando aún está caliente, cuidado, porque expulsa vapor.

Antes de servir, añade el aguacate, el tamari, el perejil picado y el sésamo negro.

MATERIAL

recipiente apto para microondas

TIPS

Prueba con otros pescados y verduras y ajusta los tiempos de cocción según el tamaño del corte de los ingredientes. Cuanto más le cueste cocerse, más pequeño hay que cortar.

Valor nutricional por ración: CAL 570 / HC 25 g / PRO 37 g / GRA 36 g

POLLO
THAI

Este guiso rápido de pollo, con mucho sabor y un toque oriental muy especial, es uno de nuestros preferidos en casa. Es tan fácil y queda tan bueno que no podemos dejar de prepararlo.

INGREDIENTES

350 g de muslo de pollo ecológico deshuesado

400 g de patatas

200 g de champiñones

100 g de cebolla

50 g de almendras

4 rodajas finas de jengibre

400 g de leche de coco

¼ de cucharadita de pimienta negra

¼ de cucharadita de pimienta cayena

¼ de cucharadita de cúrcuma

5 g de hojas de cilantro

sal

1 lima

5 g de aove

agua

Corta el pollo en tiras finas y dóralas en la sartén con unas gotas de aove.

Corta las patatas en dados pequeños y en un recipiente hermético cuécelas 10 minutos con un poco de agua, un poco de aove y un poco de sal en el microondas.

Cuando se dore el pollo, añade los champiñones laminados y la cebolla picada y rehoga.

Agrega las almendras, el jengibre, la cúrcuma y las pimientas, remueve un par de minutos e incorpora la leche de coco.

Cuece la preparación unos minutos hasta que reduzca ligeramente, incorpora las patatas, remueve y apaga el fuego.

Espolvorea el cilantro, añade un poco de lima exprimida ¡y sirve!

TIPS

Para aprovechar el sabor y la cremosidad que aporta la leche de coco, no la cocines en exceso ni a alta temperatura.

Valor nutricional por ración: CAL 680 / HC 37 g / PRO 37 g / GRA 44,5 g

THE BEST
STEAK TARTARE

RACIONES

1

PREPARACIÓN

10'

¿Por qué es el mejor? Porque es muy fácil y rápido de preparar, no necesitas ingredientes extraños ¡y está brutal!

INGREDIENTES

100 g de solomillo de ternera de pasto o ecológica sostenible

1 chalota pequeña (o 20 g de cebolleta)

10 g de alcaparras

10 g de cebollino

10 g de mostaza de Dijon en grano (en su defecto, mostaza de Dijon)

una pizca de pimienta negra

una pizca de cayena

el zumo de 1 lima

10 g de tamari

2 yemas de huevos ecológicos

10 g de aove

Corta el solomillo en dados pequeños del mismo tamaño y pásalos a un bol.

Pica la chalota, las alcaparras y la mitad del cebollino. Añade todo al bol.

Incorpora la mostaza, la pimienta, la cayena, el zumo de lima, el tamari y el aove.

Mezcla bien, añade una yema y vuelve a mezclar.

Emplata con la ayuda de un aro, coloca la otra yema en la parte superior, espolvorea el resto del cebollino ¡y sirve!

MATERIAL

un buen cuchillo de cocinero

aro de emplatar

boles de varios tamaños

TIPS

Acompaña con un plato de verduras y tendrás la comida perfecta.

No dejes pasar mucho tiempo desde que lo preparas hasta que lo sirves, para que no se cocine en exceso con el jugo de lima.

Cuando pases la carne al bol, mantén este dentro de otro más grande y con hielo, para que no perdamos el sabor de la carne.

Valor nutricional por ración: CAL 369 / HC 6,5 g / PRO 29 g / GRA 25,5 g

O-MEGA CARPACCIO

Para asimilar las grasas saludables lo mejor es no someterlas a la acción del calor, y si encima es en forma de este delicioso carpaccio, ¡mejor aún! Además de un potente sabor, el salmón contiene una buena dosis de grasas saludables, a las que se suman las del aceite de oliva. Y los toques extra van a subirlo todavía más de nivel.

INGREDIENTES

150 g de lomo de salmón salvaje (previamente congelado)

aove

½ diente de ajo (sin germen)

10 g de rúcula

sal negra

Corta el salmón en láminas finas (te será más fácil cuando esté parcialmente descongelado).

Vierte un poco de aove en el plato y coloca el salmón encima.

Sobre él, añade el ajo picadito, escamas de sal negra y la rúcula tostada.

MATERIAL

un buen cuchillo de cocinero

TIPS

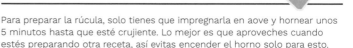

Para preparar la rúcula, solo tienes que impregnarla en aove y hornear unos 5 minutos hasta que esté crujiente. Lo mejor es que aproveches cuando estés preparando otra receta, así evitas encender el horno solo para esto.

Prueba esta receta con atún. ¡Espectacular también!

Ideal para acompañar con una ensalada o unos chips de boniato al horno.

Valor nutricional por ración: CAL 284 / HC 0,5 g / PRO 32,5 g / GRA 16 g

HUEVOS
AL PLATO

RACIONES

1

PREPARACIÓN
3'

HORNEADO
15'

¡De los platos más fáciles y resultones del mundo! Un poco de salsa de tomate casera, huevos, un par de toppings ¡y al horno! Es como preparar una pizza, pero sin base.

INGREDIENTES

300 g de salsa de tomate casera (la mía es una base que hago reduciendo 500 g de tomate natural, ½ cebolla, 4 hojas de albahaca y sal)

3 huevos ecológicos

50 g de mozzarella

2 champiñones laminados

5 g de cebollino

5 g de hojas de albahaca

Vierte la salsa de tomate en una sartén apta para horno.

Sobre el tomate dispón en este orden la mozzarella, los huevos y los champiñones.

Hornea unos 10 minutos a 200 ºC (hasta que los huevos estén cocidos).

Saca del horno, añade la albahaca y el cebollino ¡y sirve!

MATERIAL

sartén apta para horno o una fuente de horno

TIPS

Cuando prepares cualquier salsa en casa, haz el doble de lo que necesites: te saldrá mejor y además la tendrás lista para otro día.

Valor nutricional por ración: CAL 342 / HC 27 g / PRO 26 g / GRA 16 g

HUEVOS ROTOS SALUDABLES

RACIONES
1

PREPARACIÓN
25'

Los huevos rotos es un plato estrella que gusta mucho, pero tiene fama de ser poco saludable... ¡Hasta hoy! La clave está en hornear los sticks (en este caso de boniato) y hacer los huevos a la plancha.

INGREDIENTES

400 g de boniato pelado

3 huevos ecológicos

40 g de jamón ibérico sin aditivos

5 g de rúcula

5 g de cebollino picado

½ cucharadita de hierbas provenzales

½ cucharadita de pimienta negra

sal

10 g de aove

pesto

Precalienta el horno a 200 ºC con aire.

Corta el boniato en bastoncitos muy finos de menos de 1 cm de grosor (quedarán más crujientes).

Impregna el boniato con las hierbas provenzales, la pimienta, un poco de sal y el aove.

Distribuye los bastoncillos sobre papel de horno y hornéalos unos 20 minutos hasta que se tuesten como en la foto.

Mientras se hornea el boniato, prepara los huevos a la plancha.

Para el emplatado, coloca un poco de rúcula en la base, distribuye el boniato, dispón los huevos, reparte el jamón, espolvorea el cebollino y un poco de pesto (elige uno de los de la pág. 96) ¡y a disfrutar!

TIPS

Prueba la misma receta con patata, calabaza o combinando todas ellas.

Valor nutricional por ración: CAL 886 / HC 99 g / PRO 41 g / GRA 36 g

BLACK
SALMON

Sencillo ¡y con muuuucho sabor! Así es este salmón salteado con soja, que acompañaremos con un aromático arroz negro con cilantro.

INGREDIENTES 2 RACIONES

400 g de lomo de salmón
salvaje

250 g de arroz negro
cocido

20 g de salsa tamari

10 g de cilantro

5 g de sésamo negro

½ lima

Quítale la piel y espinas, en su caso, al salmón y córtalo en dados del mismo tamaño.

Pon a calentar una sartén a fuego medio alto.

Impregna el salmón con la mitad de la salsa tamari y el sésamo y saltéalo hasta que quede dorado como ves en la foto.

Mezcla el arroz con la mitad del cilantro y disponlo en un plato para servir.

Espolvorea el resto del cilantro, exprime la lima sobre el plato ¡y sirve!

TIPS

Es ideal para acompañar con una ensalada o una crema de verduras.

SI no tienes arroz cocido, cuece 1 kg de arroz negro durante unos 35-40 minutos. Te sobrará bastante, así que guarda para guarnición de ensaladas de los próximos días o para preparar el banana black (pág. 162).

Valor nutricional por ración: CAL 455 / HC 48 g / PRO 39 g / GRA 11 g

ENSALADA COMPLETA

Te enseño a preparar una ensalada, pero no una cualquiera, sino una ensalada que vale como plato único (ver la ensalada de la foto en la página siguiente).

HIDRATOS DE CARBONO	Yuca. Puedes usar patata, arroz, quinoa o boniato.
PROTEÍNAS	Huevos. Puedes usar salmón, atún, pollo o tofu marinado.
GRASAS SALUDABLES	En una ensalada no pueden faltar el aguacate y el aove.
VEGETALES	Tomate verde. Puedes usar brócoli, zanahoria, berenjena, calabacín, etc.
LEGUMBRES	Garbanzos especiados. Puedes usar edamame, lentejas, frijoles...
ALIÑO	Vinagretas sencillas a base de aove, vinagre y cítricos; aliños con soja, pesto casero o un buen chorrito de aove.
AROMÁTICAS	Añade cilantro, cebollino o albahaca para dar un toque especial.
EXTRA	Polvo de pistacho. Puedes usar otros frutos secos para un toque *crunchy* o fruta seca (pasas, damasco, arándanos, etc.) para un toque dulce.

INGREDIENTES

un poco de rúcula y brotes de espinacas

80 g de sticks de yuca, (best vegan cheddar, pág. 44)

2 huevos a la plancha (puedes ver el vídeo en mi canal de YouTube)

½ aguacate

½ tomate

50 g de garbanzos especiados (boniato heleno, pág. 94)

vinagreta con un chorrito de aove, un poco de jengibre rallado y un chorrito de limón

polvo de pistacho (tritura pistachos hasta conseguirlo)

sésamo negro

Valor nutricional por ración: CAL 641 / HC 55 g / PRO 24 g / GRA 38 g

POKE
BOWL

Una ensalada servida en bol ¡al más puro estilo hawaiano! Una forma diferente y deliciosa de comer ensalada.

INGREDIENTES

60 g de arroz basmati

½ aguacate

½ mango

½ zanahoria en láminas

80 g de salmón fresco descongelado

50 g de *crunchy* edamame (pág. 46)

5 g de cilantro

15 g de tamari

sésamo negro

Cuece el arroz 13-14 minutos en agua hirviendo.

Corta el salmón en dados y mezcla en un bol con la mitad del tamari y la mitad del cilantro.

Corta el aguacate en láminas y el mango en dados, y enrolla las láminas de zanahoria.

Dispón el arroz en la base del bol y distribuye el resto de los ingredientes encima.

Acaba con el tamari que queda y espolvorea el resto del cilantro y un poco de sésamo negro.

TIPS

Prepáralo con otro tipo de arroz o con quinoa, con otra fruta, otro pescado ¡o lo que se te ocurra! Cuéntame cómo te queda.

Valor nutricional por ración: CAL 600 / HC 74 g / PRO 32 g / GRA 15 g

PIZZA DE QUINOA

Mi receta más conocida, pero en un formato más sencillo, ¡como minipizzas! La base está hecha con quinoa en grano, sal y agua, ¡y ya está! Y el resultado, brutal...

INGREDIENTES

90 g de quinoa ecológica (pesada en seco)

30 g de agua

sal al gusto

una pizca de pimienta

aove

Limpia la quinoa y sumérgela en agua caliente 1 hora (el agua tiene que estar caliente solo al principio, no hay que volver a calentarla ni mantenerla caliente).

Engrasa ligeramente un papel de horno con aove.

Enjuaga la quinoa, tritúrala con el resto de los ingredientes y dale forma a las minipizzas sobre el papel de horno con la ayuda de una cuchara. Con 2 cucharadas por pizza será suficiente.

Hornea las minipizzas 5 o 6 minutos a 200 ºC con aire hasta que cuajen y se puedan despegar del papel fácilmente.

Añade los toppings y vuelve a hornear unos 10 minutos hasta que todos los ingredientes estén al punto.

TOPPINGS

salsa casera de tomate (tomate natural, sal, cebolla y albahaca)

mozzarella

huevos de codorniz

orégano y cebollino

En una base de minipizza reparte un poco de salsa de tomate, queso y huevo, y hornéala hasta que el huevo esté en su punto.

En frío, añade un poco de orégano seco y cebollino ¡y sirve!

MATERIAL

batidora de vaso o de brazo

TIPS

Para que quede consistente, evita los ingredientes que suelten mucha agua en la cocción o añádelos previamente cocidos.

Valor nutricional por ración: CAL 340 / HC 35 g / PRO 19 g / GRA 13 g

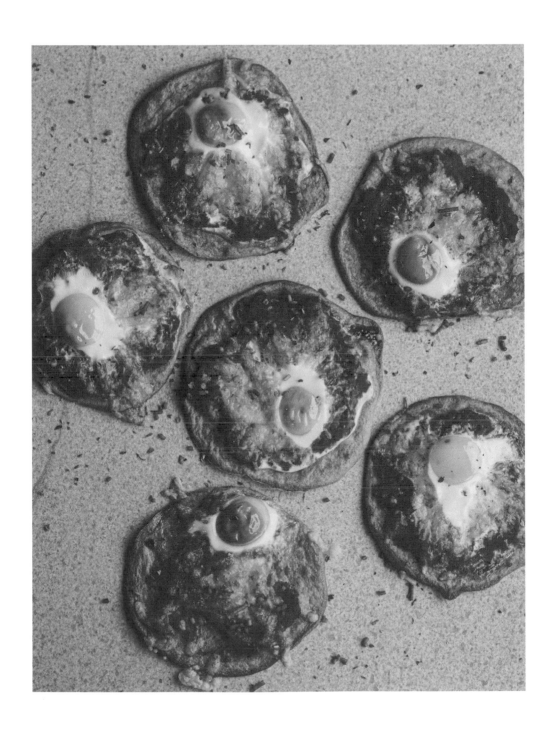

MAC&
CHEESE

El clásico plato de pasta americano que engorda solo de verlo… ¡hasta hoy! La clave está en usar una salsa casera y una pasta saludable y de calidad.

INGREDIENTES

100 g de best vegan cheddar (pág. 44)

100 g de leche de coco

sal al gusto

cebollino

65 g de tu pasta favorita. (a mí me encantan las pastas de legumbres, trigo sarraceno o arroz integral)

Cuece la pasta.

Mezcla el cheddar con la leche de coco y ajusta de sal. La leche de coco le va a dar un toque dulce al queso, por lo que es importante que ajustes a tu gusto.

Mezcla la pasta con la salsa de queso, emplata, espolvorea un poco de cebollino picado ¡y sirve!

Valor nutricional por ración: CAL 310 / HC 22 g / PRO 5 g / GRA 23 g

ARROZ DE MAGRET CON AGUA DE COCO

RACIONES
2

PREPARACIÓN 40' REPOSO 10'

Suena diferente, lo es, pero resulta increíble. La grasa que usaremos es la que soltará el magret de pato, que, combinada con el sabor del agua de coco, de las setas y de los ajos tiernos, hará que te enamores de este arroz.

INGREDIENTES

200 g de arroz redondo

200 g de magret de pato

200 g de setas variadas

100 g de ajos tiernos

100 g de pimiento rojo troceado fino

150 g de tomate rallado

3 g de pimentón dulce

2 g de cúrcuma

400 g de agua de coco

600 g de caldo casero de cocido (si tienes caldo de huesos, es top)

sal

Enciende el fuego central y pon sal en los laterales, para que no se queme el paellón.

Coloca el magret con la piel hacia abajo y dóralo a fuego medio-bajo hasta que pierda toda la grasa. Cuando comience a soltar la grasa, añade a su alrededor las setas y el pimiento. Cuando el pato esté cocinado por un lado, márcalo por el otro. Córtalo en lonchas y reserva.

Incorpora ahora los ajos tiernos y saltéalos un poco (cuidado, se queman rápidamente). Añade el tomate rallado y sofríelo hasta que reduzca.

Mezcla el caldo con el agua de coco y agrégalo al paellón. Enciende todos los fuegos y cuando coja calor ajusta de sal.

Cuando hierva, añade la cúrcuma, el pimentón y el arroz. Cuécelo 5 minutos a fuego fuerte, 5 con fuego más bajo y 4 controlando hasta el final. Según la altitud de donde vivas, cambia el tiempo (por ejemplo, Valencia: 14 minutos; Madrid: 17 minutos).

Apaga el fuego, añade el magret y deja reposar 10 minutos.

MATERIAL

paellón de 37 cm Ø

paellero

TIPS

Si en el minuto 7 no se ve el arroz, necesitas más potencia de fuego. Si se ve mucho antes, baja el fuego porque vas corto de caldo. Si al 8 comienza a verse, vas bien. Si en el 12 te queda mucho caldo, dale fuerte hasta el final. Si no te queda casi nada de líquido, necesitas más. Si queda algo, bien.

Valor nutricional por ración: CAL 610 / HC 95 g / PRO 29,5 g / GRA 15 g

nut FREE   gluten Free

CEVICHE DE MERLUZA

Pocas cosas hay más sencillas y deliciosas que un buen ceviche, como este de merluza, ¡que se convertirá en un fijo en casa!

INGREDIENTES

200 g de carne de merluza salvaje (congelada previamente para evitar el anisakis)

2 limones

3 limas

10 g de hojas de cilantro

50 g de pimiento verde troceado fino

50 g de cebolla morada cortada en juliana

una pizca de pimienta cayena

1 aguacate

10 tomates cherry

sal

Prepara la leche de tigre mezclando en un bol el zumo de la lima y el limón, la mitad del cilantro, el pimiento verde, la cebolla morada y la cayena.

Corta la merluza en dados de aproximadamente 1 cm; intenta que sean del mismo tamaño.

Incorpora la merluza a la leche de tigre, ajusta de sal y deja que se cueza unos 30 minutos en la nevera.

Cuela la mezcla (reserva el líquido) y reparte la merluza en dos platos hondos. Corta el aguacate en dados y los tomates en mitades y añádelos a los platos.

Por último, agrega un poco del líquido reservado, espolvorea el resto del cilantro ¡y sirve!

MATERIAL

cuchillo bien afilado

TIPS

Prueba esta receta con otros pescados como el bacalao, la corvina o los langostinos.

Este plato es ideal para combinar con los veg mex nachos (pág. 92).

Valor nutricional por ración: CAL 324 / HC 24 g / PRO 30 g / GRA 13 g

QUICHE DE TRUFA Y SETAS CON BASE DE GARBANZOS

PREPARACIÓN 20' · REPOSO 20'

Con una base trufada de garbanzos, sin harinas, un relleno espectacular y unos sencillos pasos conseguirás marcar la diferencia con esta versión *healthy* y supersabrosa del clásico plato francés.

BASE

400 g de garbanzos cocidos

2 huevos ecológicos

2 g de sal

1 g de pimienta negra

5 g de trufa rallada

Tritura todos los ingredientes juntos y pasa la masa al molde. Hornea la quiche 15 minutos en el horno precalentado a 180 °C.

RELLENO

200 g de setas variadas picadas

50 g de cebolla picada

1 chorrito de aove

200 g de queso crema

3 huevos ecológicos

2 tomates secos picados

100 g de nata (mín. 35 % de materia grasa)

2 pimientos del piquillo picados

4 rodajas de tomate

1 champiñón laminado fino

5 g de rúcula

5 g de cebollino

5 g de trufa rallada

Saltea las setas con la cebolla en una sartén con el aove.

Mezcla el queso crema con el huevo, los tomates secos, la nata, sal y pimienta. Añade a esta mezcla la cebolla y las setas. Remueve y viértela sobre la base de garbanzos. Reparte los pimientos del piquillo, las rodajas de tomate, la rúcula y los champiñones por encima.

Hornea unos 35 minutos a 180 °C. ¡Es el momento perfecto para preparar natillas! (pág. 166)

Espolvorea un poco de cebollino y la trufa ¡y sirve!

MATERIAL

molde para tartaleta de 22 cm Ø

picadora

TIPS

Es ideal para compartir en comidas con amigos o para llevar de pícnic.

Valor nutricional por ración: CAL 461 / HC 16,5 g / PRO 17,5 g / GRA 34 g

MY RED RICE SALAD

Es fácil, rápida donde las haya y deliciosa, así que esta ensalada es una de las más recurrentes en casa cuando no hay mucho tiempo para pensar ni actuar. Lo mejor: nunca nunca falla...

INGREDIENTES

100 g de arroz rojo (pesado en seco)

1 aguacate

3 huevos ecológicos

200 g de tomate

100 g de brócoli

200 g de zanahoria

5 g de hojas de cilantro

20 g de aove

15 g de tamari

sal al gusto

Pon agua a hervir. Cuando arranque el hervor, añade el arroz, los huevos sin cascar y el brócoli.

Al minuto 3 saca el brócoli.

Al minuto 6 saca los huevos.

Continúa cociendo el arroz hasta el minuto 25 (comprueba el punto).

Mientras se acaba de cocer el arroz, corta el resto de los ingredientes en trocitos y pásalos a un bol.

Por último, añade el arroz, mezcla bien, ajusta de sal ¡y sirve!

TIPS

Según la altitud de donde vivas y el agua que uses, el tiempo de cocción del arroz varía.

Valor nutricional por ración: CAL 580 / HC 63 g / PRO 20 g / GRA 30 g

ZUCCI-CANELO-NNI

RACIONES

2

PREPARACIÓN

20'

HORNEADO

15'

Unos canelones diferentes con una textura genial que no te harán echar en falta los clásicos de pasta. Lo mejor es que la elaboración es muy sencilla, tanto la masa como el relleno, ¡y son bajos en calorías!

MASA

1 calabacín grande

Con ayuda de un pelador, corta el calabacín en láminas lo más parecidas posible y reserva.

RELLENO

400 g de tomate natural rallado

50 g de cebolla picada

5 g de hojas de albahaca picadas

3 g de hojas de perejil picadas

sal al gusto

50 g de mozzarella rallada

250 g de bonito en conserva (elige conservas en aove y en cristal)

Cocina el tomate con la cebolla a fuego medio-alto unos 5 minutos.

Añade las hierbas, mezcla y reserva la mitad para agregar luego a la fuente.

Incorpora el bonito escurrido y desmenuzado a la otra mitad de la salsa.

MONTAJE

Dispón 4 láminas de calabacín solapándose lateralmente 1 cm entre ellas.

Añade un poco de relleno de bonito en el centro, un poco de mozzarella y cierra. Repite la operación con el resto de las láminas.

Esparce 1 cucharada del relleno reservado en la base de la fuente, y encima distribuye los canelones.

Extiende encima el resto de la salsa de tomate y hornea unos 15 minutos. Aprovecha para recoger la cocina.

Por último, añade un poco de cebollino picado ¡y sirve!

MATERIAL

un pelador

una fuente de horno mediana

TIPS

En el relleno puedes aprovechar las sobras del día anterior, por ejemplo, boloñesa, brandada de bacalao, parrillada de verduras, etc.

Valor nutricional por ración: CAL 461 / HC 16,5 g / PRO 17,5 g / GRA 34 g

MINITUNA BURGERS

RACIONES
2

PREPARACIÓN
30'

Una forma superdivertida y deliciosa de comer pescado, ¡sobre todo paras los más peques! Acompañadas del infalible pan rápido de patata, ¡nada puede salir mal!

PAN

Sigue la receta de las potatoast de la pág. 40 y hornea la masa en moldes de 6 o 7 cm de diámetro (tipo muffin) unos 20 minutos a 170 °C. Salen 6 panes completos.

El punto es cuando se vean tostados.

BURGUER

200 g de atún fresco salvaje

2 g de hojas de cilantro

5 g de almidón de yuca o de patata

1 g de sal

Añade todo al procesador, tritura y forma las hamburguesas; intenta que sean del mismo tamaño que el pan.

Prepáralos en la plancha y monta la burger.

MONTAJE

brotes de espinacas

tomate pera

aguacate

tamari

cilantro

Tuesta el pan y dispón en este orden un chorrito de tamari, unas hojas de espinacas, una rodaja de tomate, una rodaja de aguacate, la hamburguesa y cilantro picado y cierra con otra rebanada.

MATERIAL

Moldes de 6 o 7 cm Ø

TIPS

Ajusta el punto de la hamburguesa a tu gusto. Lo ideal es dejarla al punto o menos. Combina con los happy faláfel (pág. 100).

Valor nutricional por ración: CAL 600 / HC 74 g / PRO 32 g / GRA 15 g

HEALTHY
ENDINGS

HORCHATA
CHEESECAKE

Si la mejor leche vegetal era la horchata, ¡imagina cómo estará en forma de cheesecake! Con una base de anacardos y canela, una suave crema de horchata y mascarpone (cuyo suave sabor dará protagonismo a la horchata) y una fina capa de caramelo con canela.

BASE

120 g de anacardos tostados

60 g de dátiles sin hueso

40 g de aceite de coco

3 g de canela en polvo

Tritura los anacardos.

Añade el resto de los ingredientes, vuelve a triturar y pasa la preparación al molde. Presiona bien para tener una base compacta y refrigera.

CREMA

400 g de horchata casera (si usas horchata comercial, emplea la mitad de los dátiles)

300 g de queso mascarpone

100 g de dátiles sin hueso

8 hojas de gelatina

Sumerge los dátiles 10 minutos en agua caliente y la gelatina en agua fría (¡no te equivoques!).

Tritura la horchata con los dátiles escurridos y el queso.

Escurre bien la gelatina, derrite (15 segundos en el micro o mejor al baño maría) y agrégala a la mezcla.

Remueve, transfiere la masa al molde y refrigera 24 horas.

CARAMELO

OPCIÓN 1
Mezcla 100 g de caramelo salado de anacardos con 40 g de horchata y 2 g de canela.

OPCIÓN 2
Tritura 55 g de manteca de anacardos con 45 g de dátiles remojados, 40 g de horchata y 2 g de canela.

Reparte el caramelo sobre el pastel ya cuajado, desmolda y decora con pecanas.

MATERIAL

un molde redondo de 20 cm Ø

una picadora

Valor nutricional por ración: CAL 357 / HC 18,5 g / PRO 5,5 g / GRA 29 g

gluten Free

TARTALETA DE PISTACHOS, CHOCOLATE Y FRAMBUESA

PREPARACIÓN
20'

¡Con estos tres ingredientes nada puede salir mal! Es una tartaleta con base de pistachos, rellena con una crema de chocolate con calabaza y cubierta con frambuesas.

BASE

150 g de pistachos sin cáscara

60 g de dátiles sin hueso

40 g de aceite de coco

Tritura los pistachos.

Añade el aceite de coco y los dátiles y vuelve a triturar.

Viértelo al molde, cubre la base y forma las paredes.

Congela mientras preparas la crema.

CREMA

100 g de chocolate puro del 80 %

100 g de calabaza asada

Funde el chocolate y tritura con la calabaza.

Pasa la masa al molde y refrigérala.

También puedes rellenarla con 200 g de no-Nutella (pág. 42)

COBERTURA

100 g de frambuesas

Cuando la crema haya cuajado, coloca las frambuesas encima.

MATERIAL

molde de 22 x 9 cm

picadora

TIPS

Incorpora las frambuesas lo más pronto posible para que no se oxiden.

Si no tienes calabaza asada, puedes cocerla en un recipiente hermético en el micro 7 minutos, previamente cortada.

Valor nutricional por ración: CAL 262 / HC 15 g / PRO 5,5 g / GRA 19,5 g

DÓNUT DE BATATA Y CHOCOLATE

 PREPARACIÓN 20' HORNEADO 15' REPOSO 30'

Dónuts rellenos de batata y cacao y cubiertos con chocolate puro, sin harinas ni azúcar añadido, esponjosos y con un sabor espectacular. Pruébalos ¡y no te vas a acordar más de los originales!

RELLENO

300 g de batata o boniato pelado

200 g de dátiles sin hueso

4 huevos ecológicos

40 g de cacao puro en polvo

80 g de aceite de coco

10 g de bicarbonato

10 g de polvo de hornear

aove

Precalienta el horno a 180 °C. Hidrata los dátiles en agua caliente 10 minutos.

Tritura el boniato, añade el resto de los ingredientes y vuelve a triturar.

Engrasa los moldes con aove. Reparte la masa con la ayuda de una manga pastelera. Llena ¾ de cada molde, da unos golpes para que la superficie quede plana e introdúcelo en el horno.

Hornea 15 minutos. Deja que enfríen y desmóldalos.

Mantén en frío hasta el momento de añadir el baño.

COBERTURA

300 g de chocolate puro (el mío es del 80 %)

40 g de aceite de coco

frutos secos, nibs de cacao o granola para decorar

Derrite el chocolate al baño maría, añade el aceite de coco y mezcla.

Coloca los dónuts sobre una rejilla y con la ayuda de una jarra báñalos. Pon papel de horno debajo para que recoja el sobrante. Decora con frutos secos o nibs de cacao ¡y sirve!

MATERIAL

molde de dónuts mediano

manga pastelera

picadora

TIPS

Procura que los dónuts estén fríos antes del baño, que debe estar suficientemente líquido. De esta forma cuajará rápidamente.

Usa el tiempo muerto para ordenar la cocina o preparar la siguiente receta.

Valor nutricional por ración: CAL 266 / HC 25 g / PRO 5,8 g / GRA 16 g

NEW YORK CHEESECAKE

El estilo neoyorquino nos gusta a todos y nunca falla, pero esta vez, sin azúcar añadido ni harinas, ¡aunque con todo el sabor!

BASE

60 g de almendras

60 g de copos de avena ecológicos sin gluten

50 g de dátiles sin hueso

50 g de aceite de coco

Tritura las almendras con los copos de avena.

Añade el aceite de coco y los dátiles y vuelve a triturar.

Pasa la mezcla al molde y reserva mientras preparas la crema.

CREMA

4 huevos

10 g de almidón de yuca o de patata

200 g de queso crema

200 g de queso mascarpone

100 g de burrata

80 g de xilitol o eritritol

5 g de vainilla

Precalienta el horno a 180 °C.

Bate bien todos los ingredientes y pasa la mezcla al molde.

Hornea 40 minutos.

Deja enfriar completamente (mínimo 6 horas).

COBERTURA

Cuece 300 g de frutos del bosque junto con un poco de agua hasta que reduzca y no se vea casi el líquido. Lo puedes hacer mientras horneas el pastel, así ya la tienes fría en el momento de desmoldarlo.

Con el pastel desmoldado, reparte la mermelada sobre su superficie y sirve.

MATERIAL

molde redondo de 20 cm Ø

TIPS

Elabora este cheesecake de un día para otro. Este tipo de pasteles mejoran tras el reposo ya que asientan mejor todos los ingredientes y los sabores se combinan mejor.

Valor nutricional por ración: CAL 350 / HC 20 g / PRO 8,5 g / GRA 28 g

BLONDIE DE CALABAZA

RACIONES
8

PREPARACIÓN
20'

HORNEADO
30'

Conocemos el brownie, su hermano rubio se llama blondie, y aquí te traigo el más top que vas a encontrar. Es un blondie de calabaza, con caramelo de coco por encima, suúper fácil de preparar y con un sabor brutal.

BASE

4 huevos ecológicos

100 g de dátiles sin hueso remojados 10 minutos' en agua caliente

80 g de anacardos

400 g de calabaza asada

1 cucharadita de canela

½ cucharadita de jengibre

50 g de almendras

Precalienta el horno a 180 °C.

Tritura todos los ingredientes salvo las almendras.

Añade las almendras y tritura unos segundos más, de forma que nos queden trocitos.

Pasa la mezcla a un molde de 15 x 20 cm forrado con papel de horno.

Hornea 30 minutos (vigila desde el minuto 25).

CARAMELO DE COCO

OPCIÓN 1
Mezcla 150 g de caramelo salado de anacardos (pág. 34) con 40 g de leche de coco y rocía el bizcocho.

OPCIÓN 2
Tritura 70 g de manteca de anacardos con 60 g de dátiles remojados y 60 g de leche de coco. Cubre el bizcocho.

Decora con un poco de granola (pág. 32) y sirve.

MATERIAL

molde rectangular de 15 x 20 cm

TIPS

Si no tienes calabaza asada, la puedes cocer cortada en trozos pequeños durante 10 o 15 minutos en el microondas en un recipiente hermético.

Valor nutricional por ración: CAL 243 / HC 22 g / PRO 7,5 g / GRA 14 g

PISTACCHIO DREAM CAKE

RACIONES
8

PREPARACIÓN **20'** REPOSO **24h**

Lo típico es tener pistacho en la base, en la cobertura, como decoración... Pero ¿no sueñas con probar un pastel que lo que más tenga sea pistacho? ¡Pues aquí lo tienes!

BASE

100 g de anacardos tostados

50 g de dátiles sin hueso

40 g de aceite de coco

la ralladura de 1 lima

Tritura los anacardos.

Añade los dátiles, el aceite de coco, la ralladura de lima y vuelve a triturar.

CREMA

250 g de pistacho

200 g de queso mascarpone (cambia por tofu si lo quieres para veganos)

100 g de dátiles sin hueso

150 g de bebida de coco

5,5 hojas de gelatina (cambia por 3 g de agar-agar si lo quieres para veganos)

Hidrata los dátiles 10 minutos en agua caliente y la gelatina, 10 minutos en agua fría (¡no te líes!). Tritura los pistachos hasta que queden en polvo. Añade los dátiles escurridos, la leche de coco y el mascarpone y vuelve a triturar.

Escurre la gelatina y derrítela (15 segundos de microondas o al baño maría). Agrégala a la preparación anterior y mezcla.

En caso de que lo quieras vegano, cuece el agar-agar con la leche de coco, casi en el punto de ebullición, 3 minutos. Tritura todos los ingredientes juntos.

Una vez que tengas la crema, pásala al molde y refrigera hasta el día siguiente.

COBERTURA

200 g de fresas

40 g de frambuesas

10 g de pistachos picados

Cuece 200 g de fresas con 50 g de agua hasta que no quede casi líquido. Tritura y cubre el pastel. Añade unas frambuesas, espolvorea pistacho picado ¡y sirve!

MATERIAL

molde redondo de 15 cm Ø

picadora

TIPS

No olvides la lima en la base y algún fruto rojo en la cobertura para darle el toque fresco que necesita la crema. Cada parte del pastel es clave para el resultado final.

Valor nutricional por ración: CAL 425 / HC 19 g / PRO 10,5 g / GRA 37 g

CHOCO ZEBRA

RACIONES
8

PREPARACIÓN **20'** HORNEADO **50'** REPOSO **24h**

¡Pastel de chocolate, con chocolate y más chocolate! Tres chocolates en cada bocado, con dos en la crema entrelazados en forma de cebra y otro en la cobertura.

CREMA OSCURA

2 huevos ecológicos

200 g de queso crema ecológico

20 g de cacao puro en polvo

100 g de chocolate puro (el mío es del 80 %)

50 g de dátiles sin hueso

100 g de leche entera ecológica

Hidrata los dátiles 10 minutos en agua caliente.

Funde el chocolate al baño maría, tritura todos los ingredientes y mézclalos con el chocolate fundido. Resérvalo.

CREMA CLARA

2 huevos ecológicos

200 g de queso crema ecológico

5 g de esencia de vainilla

10 g de almidón de yuca o de patata

80 g de chocolate puro fundido (el mío es del 80 %)

50 g de dátiles sin hueso

Sigue el mismo procedimiento que has utilizado para elaborar la crema oscura.

MONTAJE Y COBERTURA

Forra el molde con papel de horno y vierte las masas.

Primero 8 cucharadas de la oscura, y luego alterna 3 de la clara y 1 de la oscura. Acaba con toda la masa.

Hornea al baño maría 50 minutos en el horno precalentado a 180 °C. Refrigera hasta el día siguiente.

Para la cobertura derrite 50 g de chocolate puro con 70 g de leche de coco. Cubre el pastel, decora con láminas de chocolate ¡y sirve!

MATERIAL

molde redondo no desmontable de 15 cm Ø

TIPS

La clave para alternar las capas es que ambas tengan la misma textura. Si una es más densa que la otra, la puedes aligerar añadiendo leche muy poco a poco.

Valor nutricional por ración: CAL 400 / HC 19 g / PRO 9 g / GRA 30 g

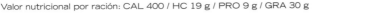

CHOCO PANNA COTTA

Como su nombre indica, la panna cotta es nata cocida, así que si le añadimos chocolate, ¡tendremos una panna cotta de chocolate espectacular! Y lo mejor es que, además de su increíble sabor, ¡no puede costar menos prepararla!

INGREDIENTES

350 g de nata ecológica (mín. 35 % de materia grasa)

150 g de chocolate puro (el mío es del 80 %)

1,5 hojas de gelatina

Introduce la gelatina en agua fría (10 minutos).

Pon a calentar la nata a fuego medio-bajo con el chocolate.

Una vez que se haya hidratado la gelatina, escúrrela y añádela a la mezcla de nata y chocolate (el chocolate ya se habrá fundido completamente).

Remueve hasta que se disuelva la gelatina y reparte la preparación en los moldes.

Refrigera unas horas o mejor hasta el día siguiente.

MATERIAL

4 moldes metálicos individuales

TIPS

Para facilitar el desmoldado, impregna el interior de cada molde con un poco de aceite de coco. Asegúrate de que la gelatina se haya disuelto y cuela la mezcla.

Valor nutricional por ración: CAL 517 / HC 12,5 g / PRO 5,5 g / GRA 48 g

BANANA BLACK

RACIONES
1

PREPARACIÓN
10'

El origen de este postre está en Bali, donde probé algo parecido. El original lleva arroz negro glutinoso y leche de coco, e imagino que bien endulzado...

En este caso lo adapto usando arroz negro de la Albufera y plátano de Canarias para darle el toque dulce. No puede ser más fácil ¡y el sabor es espectacular!

INGREDIENTES

50 g de arroz negro

200 g de leche de coco

1 plátano de Canarias

Cuece el arroz negro en abundante agua durante unos 35 o 40 minutos.

Calienta leche de coco y, cuando esté a punto de hervir, baja el fuego y añade el plátano cortado en rodajas de 1 o 2 cm.

Cuando comience a ablandarse el plátano, retira el cazo del fuego.

Dispón 80 g de arroz hervido en un bol.

Añade un poco de leche de coco caliente y remueve ligeramente.

Incorpora el plátano cocido ¡y sirve!

TIPS

Prepara más cantidad de arroz de la que usarás; lo podrás aprovechar en guarniciones o en otros platos como el black salmon (pág. 122)

Valor nutricional por ración: CAL 350 / HC 50 g / PRO 6,5 g / GRA 17 g

MANGOFFEE

De los creadores del banoffee, ¡llega el mangoffee! Básicamente es mango con caramelo, un poco de *crunchy* como base y nata como colofón. Lo mejor es que en 15 minutos tienes un postre impresionante sin necesidad de tiempos de espera.

INGREDIENTES

150 g de pistachos

60 g de dátiles sin hueso

lima

120 g de mango fresco

160 g de caramelo salado de anacardos (pág. 34)

160 g de nata para montar

10 g de xilitol o eritritol

polvo de pistachos

ralladura de lima

Pica los pistachos con los dátiles.

Añade el zumo de ½ lima, mezcla y distribuye la preparación en la base de 8 moldes.

Añade 20 g de caramelo salado de anacardos en cada vaso.

Corta el mango en cubos pequeños y distribúyelos sobre el caramelo.

Monta la nata. Cuando comience a estar consistente, añade el endulzante y continúa montando.

Reparte la nata en los vasos.

Espolvorea polvo de pistachos y ralladura de lima ¡y sirve!

MATERIAL

picadora pequeña de aspas largas

TIPS

Prueba con otras frutas y ¡cuéntame qué tal te ha quedado!

Valor nutricional por ración: CAL 282 / HC 11 g / PRO 52 g / GRA 20 g

NATILLAS TOO FAST TOO HEALTHY

¡Demasiado rápidas, fáciles, saludables y deliciosas para tenerlas en la nevera sin comerlas! En apenas 2 minutos tendrás unas natillas con una textura perfecta y un sabor brutal.

INGREDIENTES

200 g de leche ecológica (puede ser vegetal si lo deseas)

200 g de papaya madura (prueba con caqui, mango o plátano)

90 g de dátiles sin hueso remojados (o 100 g de figs dates, pág. 36)

40 g de manteca de anacardos (puedes usar de otro fruto seco)

20 g de cacao

Tritura todos los ingredientes hasta obtener una textura uniforme.

Acompaña de granola, frutos secos o cacao espolvoreado ¡y sirve!

MATERIAL

una batidora de vaso

TIPS

Para que queden genial recién hechas hay que refrigerar los ingredientes antes.

Cuando las conserves en la nevera, cuajarán ligeramente como si fueran un pudin. Bate bien antes de volverlas a servir ¡y listo!

Valor nutricional por ración: CAL 168 / HC 26,5 g / PRO 4,5 g / GRA 6 g

ORANGE IS THE NEW FLAN

PREPARACIÓN 10' HORNEADO 30' REPOSO 2h

Los flanes son top, se preparan en nada y luego solo hay que esperar a que cuajen. Además, si tienen un sabor tan bueno como estos de naranja y jengibre, vale la pena, ¡mucho!

INGREDIENTES

3 huevos ecológicos

2 yemas ecológicas

50 g de xilitol o eritritol

350 g de leche entera ecológica

2 g de jengibre en polvo

3 g de esencia de vainilla

la ralladura de 1 naranja de Valencia

Mezcla todos los ingredientes sin batir en exceso.

Divide la mezcla en 4 moldes individuales y cuece los flanes al baño maría unos 30 minutos a 180 °C.

Refrigera completamente antes de desmoldar.

MERENGUE

2 claras de huevo

xilitol

Bate las claras junto con un poco de xilitol, reparte sobre cada flan desmoldado y dale un toque de calor con el soplete.

MATERIAL

moldes metálicos de flan

TIPS

Si te gusta experimentar, prueba cambiando la naranja por lima o limón.

Valor nutricional por ración: CAL 150 / HC 16 g / PRO 9 g / GRA 7,5 g

FRESH
TIME

PISTACCHIO
MATCHA MAGNUM

RACIONES
8

PREPARACIÓN **25'** REPOSO **12h**

Posiblemente, el mejor helado de pistacho que probarás. Esta maravilla es suave, cremosa y tiene un sabor espectacular. Está cubierto por una fina capa de chocolate que completa este minipostre.

RELLENO

200 g de pistachos sin cáscara	Sumerge los dátiles en agua caliente (10 minutos).
65 g de leche (animal o vegetal)	Tritura los pistachos hasta que queden en polvo.
35 g de dátiles	Mezcla los dátiles escurridos, los pistachos, la leche y el matcha, y tritura hasta obtener una crema.
5 g de té matcha	
	Reparte la preparación en los moldes, introduce el palo y congela hasta el día siguiente.

COBERTURA

200 g de chocolate puro (el mío es del 80 %)	Funde el chocolate.
20 g de aceite de coco	Añade el aceite de coco y mezcla.
	Pasa la preparación a un vaso.
	Introduce cada polo y sácalo rápidamente, escurre el chocolate sobrante y déjalo sobre papel vegetal.
	Antes de que cuaje, puedes decorar los polos con frutos secos, nibs de cacao, etc.

MATERIAL

trituradora

palos de polo

TIPS

No te pases triturando los pistachos. Cuando comienzan a liberar sus aceites para convertirse en crema, al añadir otros ingredientes, se corta la masa y no se puede ligar.

Valor nutricional por ración: CAL 256 / HC 15 g / PRO 7,5 g / GRA 20 g

HELADO EXPRÉS DE FRAMBUESA

¡En 5 minutos tendrás listo un helado espectacular! Y es que encima de estar muy bueno, ¡es superbonito!

INGREDIENTES

170 g de frambuesas congeladas

100 g de queso crema ecológico

100 g de plátano de Canarias

Tritura todos los ingredientes juntos hasta obtener una crema.

Ahora puedes servir directamente o, si quieres textura de bola de helado, congela la preparación durante unos 40 minutos.

TOPPINGS

polvo de pistacho

frutos rojos

ralladura de lima

MATERIAL

un sacabolas de helado

picadora de aspas largas

TIPS

Ideal para preparar antes de comer ¡y tenerlo listo para el postre!

Valor nutricional por ración: CAL 110 / HC 9,5 g / PRO 2 g / GRA 7 g

POLOS DE CHOCOLATE Y CARAMELO

PREPARACIÓN
10'

REPOSO
12h

¡Puede que sea el mejor polo del mundo! Un relleno cremoso de crema de chocolate, una cobertura *crunchy* de chocolate y una capa relleno de caramelo entre la crema y la cobertura.

RELLENO

100 g de dátiles sin hueso remojados	Tritura todos los ingredientes.
100 g de aguacate	Transfiere la preparación a un molde y congélala.
100 g de leche de coco	
40 g de cacao puro en polvo	(Si tienes en la nevera, usa la no-Nutella, pág. 42).

CARAMELO

30 g de dátiles remojados	Tritura todos los ingredientes y cubre ligeramente cada polo. Congela.
30 g de leche de coco	
45 g de crema de anacardos (u otro fruto seco)	(Puedes usar caramelo salado de anacardos, pág. 34).

COBERTURA

200 g de chocolate puro (el mío es del 80 %)	Funde el chocolate al baño maría, añade el aceite de coco y mezcla.
30 g de aceite de coco	
30 g de anacardos picados	Incorpora ahora los anacardos picados, mezcla y pasa la preparación a un vaso estrecho.
	Introduce cada polo y sácalo rápidamente, deja que caiga el chocolate sobrante y colócalos sobre papel vegetal.

MATERIAL

moldes para minimagnum

TIPS

Cuela la cobertura sobrante y guarda el chocolate para otra receta y los anacardos para el desayuno de mañana.

Valor nutricional por ración: CAL 200 / HC 18 g / PRO 5 g / GRA 18 g

CAFÉ BOMBÓN

RACIONES

1

PREPARACIÓN

5'

Un expresso con leche condensada que, *a priori*, es muy poco saludable, pero no tanto si le damos una vuelta.

INGREDIENTES

1 café solo

9 g de leche entera ecológica y sostenible

9 g de leche en polvo

3 g de eritritol o xilitol

Mezcla la leche entera con la leche en polvo y el endulzante.

Transfiere a un vaso.

Vierte el café encima y ¡sirve!

TIPS

Puedes sustituir el xilitol por 3 g de eritritol o 1 cucharada de figs dates (pág. 36), aunque te quedará más oscuro.

Valor nutricional por ración: CAL 45 / HC 8,5 g / PRO 3 g / GRA 0,5 g

THE GOOD MOJITO

PREPARACIÓN

5'

Un «cóctel» con sabor a mojito, saludable, sencillo, probiótico y encima está buenísimo. ¡Si es que lo tiene todo! Usamos los ingredientes que dan sabor al mojito y los combinamos con la kombucha, un probiótico que es básicamente un té fermentado, y que aporta acidez y burbujitas.

INGREDIENTES

un puñado de hierbabuena fresca

corteza de lima

150 ml de kombucha

el zumo de ½ lima

1 vaso de hielo picado

Machaca la hierbabuena con corteza de lima dentro del vaso donde vas a servir el mojito.

Añade el zumo de lima, el hielo picado y la kombucha.

Remueve un poco ¡y sirve!

TIPS

Es importante elegir una kombucha baja en azúcar. El té se fermenta con azúcar, pero algunas marcas añaden más. Intenta que no tenga más de 3 g de azúcar cada 100 g de té.

Valor nutricional por ración: CAL 20 / HC 5 g / PRO 0 g / GRA 0 g

APROVE-CHAMIENTO EN LA COCINA

Aprovechar las sobras del día anterior es una práctica de las de toda la vida, aunque últimamente parece que se haya dejado un poco de lado. Nuestros mayores acostumbraban no tirar nada que pudiera volver a usarse y así también la comida, pero, por distintas razones, nosotros hemos perdido un hábito que deberíamos recuperar. El aprovechamiento, además, no solo es reutilizar las «sobras», que también. No desperdiciar la comida que sobra consiste en sacar el máximo partido a nuestros recursos.

Cocinar lleva tiempo, pero muchas veces nos falta. Aunque si nos organizamos, podemos aprovechar para preparar varias cosas a la vez. Hay elaboraciones, como asar algo en el horno, que no requieren atención continuada. Este tiempo lo podemos usar para preparar otra comida para el mismo día o el día siguiente. Asímismo, cuando horneamos algo, podemos colocar en el horno otra bandeja para una cena o algún postre.

Aquí tienes algunos ejemplos:

- Si tenemos el horno encendido para asar pollo, por ejemplo, —no un bizcocho, que requiere temperaturas y tiempos exactos—, podemos añadir otras bandejas para hornear ingredientes que usaremos en otro momento como boniato, calabaza, cualquier verdura o incluso los frutos secos, tan útiles para preparar cremas o bases de pasteles.

- O cuando tenemos el horno caliente y a alta temperatura de una preparación anterior, podemos aprovechar para cocinar recetas que requieren poco tiempo (como asar chips de yuca o kale, o frutos secos, por ejemplo). Sería una pena encender el horno solamente para ellas.

- Cuando cocemos verduras, arroz o pasta en una olla, podemos al mismo tiempo cocinar también verduras al vapor con ayuda de un accesorio.

- Cuando cocinamos arroz o asamos calabaza, conviene hacerlo en más cantidad y, con el mismo tiempo y energía, tenemos para otra ocasión.

- Con pescados o pollos enteros, vale la pena cocinarlo todo, aunque no se vaya a consumir de una vez; lo envasamos y lo tenemos listo para cuando lo necesitemos.

- Microondas: Hay muchas elaboraciones que se pueden preparar en el microondas. Aquí tienes algunos consejos para que el resultado sea bueno:

    -Huevo pochado: En vez de calentar agua en un cazo y cocinarlo durante varios minutos, introduce en el micro un recipiente con agua caliente y en 75 segundos lo tenemos listo.

    -Verduras o tubérculos: En vez de asarlos un buen rato, métuelos en el micro y en unos pocos minutos estarán listos.

SACAR PARTIDO A LOS INGREDIENTES
ANTES DE DESECHARLOS

Hay verduras de las cuales empleamos solo una parte y la otra la desechamos, por ejemplo, los tallos de cebolletas y cebollas, el tronco del brócoli, las hojas de remolacha o las pieles de verduras o tubérculos como las patatas. Estas partes nos pueden servir para preparar tortillas, caldos e incluso croquetas (eso sí, ¡saludables!).

APROVECHAR LAS SOBRAS

A veces cocinamos más cantidad de la necesaria. Mira lo que puedes hacer con las sobras de comida:

- Arroz de guarnición: Podemos mezclarlo con ingredientes que aporten sabor como especias e incluso queso, formar bolas compactas y cocinarlas a la plancha con un poquito de aceite o al horno para tener un entrante muy rico. O combinarlos con pescado para hacer sushi.

- Cuando sobra carne o pescado, desmenúzalos y úsalos en una ensalada para aportar más sabor y proteínas.

- Pulpa de frutos secos sobrante de leche vegetal: Se puede incorporar a los bizcochos o tortitas del desayuno.

- Restos de verduras: Podemos hacer desde tortillas hasta pasteles de verduras o deliciosas salsas.

- Huesos de carne y espinas y cabezas de pescado: Resérvalos para preparar caldo de huesos para sopas o para completar nutricionalmente cualquier caldo, salsa o cocido.

- Restos de postres: Cuando nos sobren natillas, arroz con leche, cremas de cacao, bizcochos, etc., lo podemos mezclar con lácteos (pastel frío) o con huevos (pasteles horneados) para elaborar cheesecakes, bizcochos o púdines.

- Con los restos de fruta podemos preparar desde batidos para la merienda o desayuno hasta pasteles como en el apartado anterior.

En definitiva, siempre podemos encontrarles a las sobras una solución adecuada, deliciosa y nutritiva, solo hay que dar rienda suelta a la imaginación y ¡manos a la obra!

AGRADECIMIENTOS

Tengo mucho que agradecer, y a mucha gente, pero voy a comenzar con Laura, mi mujer y catadora oficial. Siempre ha creído en mí y me ha apoyado en todo lo que me he propuesto. Con ella he aprendido que, con esfuerzo, todo es posible, y me reta a superarme con cada uno de mis platos. Si no se cumplen las expectativas, no duda en decírmelo (menos mal que encajo bien las críticas constructivas) y eso me hace querer ser cada vez mejor. También me da ideas para nuevos platos. Ella elige sabor y textura, yo ejecuto y, luego, ella dicta sentencia. En definitiva, sin su apoyo no habría llegado hasta aquí.

A mi familia, por alentarme siempre en todas las ocurrencias descabelladas que he tenido a lo largo de mi vida.

A mis amigos de siempre, que han confiado en mí y me han animado a llegar donde ellos creían que podía llegar, aunque yo pensara que estaban locos. Una mención especial y necesaria a la Penya Gallfardeu, los Seven Waves, los Cabras Trivila y mis amigos bomberos de Castellón.

A Ibai, el punto de inflexión en mi carrera, y a Marcos y Marino, los tres han hecho la apuesta por mí más grande que podía imaginar.

A las personas maravillosas que he conocido gracias a las redes sociales y que me ayudan a conseguir mis objetivos.

A las chicas de ELEYUVE por hacer que este libro sea más bonito y mole mucho más, y por todo lo que han hecho por mí (y por su paciencia infinita) desde que nos conocimos cuando crearon la imagen y personalidad de Naked & Sated.

A Cristina Armiñana, por ser la primera en creer que debía escribir un libro, dar el paso y hacerlo posible.

Y no quiero olvidarme de mis seguidores. Lo he dicho en muchas ocasiones y sigo teniéndolo claro: CHEFBOSQUET somos todos. Sin vosotros esto no sería posible.

¡Gracias por todo y a todos!

ÍNDICE DE INGREDIENTES

aceite de coco, 32, 58, 60, 64, 66, 70, 74, 146, 148, 150, 152, 172, 176
aceite de oliva virgen extra, 84, 104
agar-agar, 156
agua de coco, 132
aguacate, 42, 72, 84, 94, 108, 110, 124, 126, 134, 138, 142, 176
  machacado, 40
ajo
  en polvo, 92, 102
  picado, 40, 76, 110
  sin germen, 44, 90, 100, 108, 116
  tierno, 132
albahaca, 96, 118, 124, 140
alcaparras, 114
almendras, 58, 80, 112, 152, 154
  crudas, 32, 74
  harina de, 70
  picadas, 80
  tostadas, 66
almidón
  de patata, 40, 56, 58, 78, 98, 102, 104, 108, 142, 152, 158
  de yuca, 56, 58, 70, 78, 88, 98, 102, 104, 108, 142, 152, 158
anacardos, 32, 34, 78, 90, 96, 102, 154, 156
  caramelo salado de, 50, 64, 146
  crema de, 176
  manteca de, 146, 154, 166
  picados, 64, 176
  tostados, 64, 146
aove, 40, 44, 46, 76, 78, 86, 90, 94, 96, 98, 100, 104, 110, 112, 114, 116, 120, 124, 128, 136, 138
apio, 86
arándanos, 52, 124
arroz, 124, 132
  basmati, 126
  integral, 130
  negro cocido, 122, 162
  rojo, 138
atún, 116, 124
  fresco salvaje, 142
avena
  copos de, 50, 152
  ecológica sin gluten, 52
bacalao, 134
  brandada de, 140
  salvaje, lomo de, 110

batata, 150
bayas de goji, 32
berenjena, 124
bicarbonato, 150
bimi, 86
boniato, 44, 94, 120, 124
  al horno, 116
  crudo, 68, 150
bonito en conserva, 140
brócoli, 110, 124, 138
burrata, 40, 152

cacao, 58, 70
  nibs de, 56, 150
  puro en polvo, 42, 56, 72, 150, 158, 176
  sin alcalinizar, 58
café solo, 178
calabacín, 124, 140
calabaza, 86
  asada, 62, 148, 154
  cruda, 72, 78
caldo casero de cocido, 132
canela en polvo, 32, 52, 66, 78, 146, 154
cáñamo, semillas de, 50
caqui, 166
caramelo salado de anacardos, 50, 52, 67, 70, 75, 146, 154, 164, 176
cayena, 84, 86, 92, 104, 112, 114, 134
cebolla, 76, 92, 98, 112
  morada, 134
  picada, 136, 140
cebolleta, 84
cebollino, 40, 94, 96, 98, 118, 124, 128, 130, 136
  picado, 88, 92, 102, 114, 120
chalota, 100, 114
champiñones, 112, 118, 136
chía, semillas de, 54
chocolate puro, 80, 148, 150, 160, 172, 176
  fundido, 56, 62, 64, 68, 72, 78, 158
  picado, 72
chufa de Valencia, 38
cilantro
  fresco picado, 84, 100, 112, 122, 124, 126
  hojas de, 134, 138, 142

coco
  aceite de, 32, 58, 60, 64, 70, 74, 146, 150, 172, 176
  agua de, 132
  harina de, 58, 64
  láminas de, 32
  seco, 58, 66
col lombarda, 86
corvina, 134
cúrcuma en polvo, 44, 46, 86, 94, 112, 132

damasco, 124
dátiles, 74, 80
  remojados, 70, 72, 104, 146, 154, 172, 176
  sin hueso, 32, 34, 36, 38, 42, 60, 64, 146, 148, 150, 152, 154, 156, 158, 164, 176
deglet nour, 80

edamame, 46, 124, 126
eritritol, 152, 164, 168, 178
espinacas, 86, 124, 142

figs dates, 66, 68, 72, 166, 178
frambuesas, 56, 148, 156, 174
fresas, 54, 156
frijoles, 124
fruta de temporada, 50
frutos del bosque, 68, 152
frutos rojos, 174

garbanzos
  cocidos, 66, 86, 94, 136
  especiados, 40, 94, 124
  remojados, 100
gelatina, hojas de, 146, 156, 160
goji, bayas de, 32
granola paleo, 50, 52, 54, 66

habas de soja, 46
harina de almendras, 70
harina de coco, 58, 64
hielo picado, 180
hierbabuena, 60, 68, 78, 100, 180
hierbas provenzales, 44, 104, 120
higos remojados, 66, 68
higos secos, 32, 36
horchata casera, 146

huevo, 40, 78, 124, 152
  a la plancha, 124
  batido, 102
  clara de, 168
  crudo, 88
  de codorniz, 128
  ecológico, 56, 58, 68, 72, 76, 88,
    98, 114, 118, 120, 136, 138, 150,
    154, 158, 168
  yema de, 168

jamón ibérico, 40, 120
  sin aditivos, 76, 88
jengibre, 112, 154
  fresco, 72
  fresco rallado, 94, 100, 124
  en polvo, 32, 52, 66, 68, 78, 168

kombucha, 180

langostino, 134
leche, 70, 172
  de coco, 42, 54, 68, 112, 130, 154,
    156, 158, 162, 176
  ecológica, 50, 52, 166
  en polvo, 40, 178
  entera ecológica, 98, 158, 168,
    178
  vegetal, 50, 172
lentejas, 124
levadura nutricional, 44, 96
lima, 156, 164
  corteza de, 180
  exprimida, 60, 78, 112, 122, 180
  ralladura de, 50, 60, 168, 174
  zumo de, 100, 114, 134
limón, 134
  chorrito de, 84, 124
  ralladura de, 168
  zumo de, 86

mango, 50, 78, 126, 166
  fresco, 54, 56, 164
merluza salvage descongelada,
  134
miel, 58, 66, 70
moras exprimidas, 78
mostaza de Dijon en grano, 114

naranja, ralladura de, 168
nata, 136
  ecológica, 160
  para montar, 164
no-Nutella, 42, 78, 148, 176

orégano, 46, 88, 128
  seco ecológico, 76

papaya, 56
  madura, 166
pasas, 124
patata, 44, 76, 98, 112, 124
  almidón de, 40, 56, 58, 78, 98, 102,
    104, 108, 142, 152, 158
  baby o de guarnición, 96, 104
  cocida, 58, 66
pato, magret de, 132
pecanas, 146
pepino, 86
perejil, 108, 110
  hojas picadas de, 100, 140
pesto casero, 124
pimentón dulce, 46, 90, 92, 104,
  132
pimienta negra, 44, 46, 84, 90, 92,
  94, 102, 104, 108, 112, 114, 120, 128,
  136
pimiento
  del piquillo, 86, 100, 136
  verde, 92, 134
pimiento rojo, 132
  picante, 92
pistachos, 60, 68, 96, 164, 172
  picados, 32, 60, 148
  polvo de, 124, 156, 174
plátano de Canarias, 56, 162, 174
plátano macho, 84
pollo ecológico, 124
  muslo deshuesado, 108, 112
  solomillo, 102
polvo de hornear, 40, 68, 88, 98, 150
porridge, 50
puerro, 98

queso
  camembert, 108
  cheddar, 44
  cheddar vegano, 92, 124, 130
  crema, 136, 152, 158, 174
  harvati, 108
  mascarpone, 52, 146, 152, 156
  mozzarella, 88, 118, 128, 140
quinoa, 124, 126, 128

remolacha, 86
rúcula, 86, 88, 96, 108, 116, 120,
  124, 136

sal negra, 116
salmón, 124
  ahumado marinado, 40
  carpaccio, 94
  fresco descongelado, 126
  salvaje, 116, 122
salsa de tomate, 88, 118, 128

sésamo, 40
  negro, 94, 108, 110, 122, 124, 126
setas variadas, 132, 136
sirope, 58
  de arce, 66
soja, 124

tahína, 86
tamari, 40, 110, 114, 122, 126, 138, 142
té matcha, 172
ternera de pasto, solomillo de, 114
tofu, 156
  marinado, 124
tomate, 92, 108, 136, 138
  cherry, 84, 134
  concentrado, 88
  pera, 142
  seco, 86, 90, 136
  verde, 124
tomate natural, 40
  rallado, 76, 104, 132, 140
  salsa de, 118
trigo sarraceno en grano, 92, 130,
  134
trufa rallada, 136

vainilla, 152
  esencia de, 64, 68, 158, 168
verduras, parrillada de, 140
vinagre, 124

xilitol, 152, 164, 168, 178

yogur
  griego, 78, 94, 100, 102
  natural, 52
yuca, 44, 124
  almidón de, 56, 58, 70, 78, 88, 98,
    102, 104, 108, 142, 152, 158

zanahoria, 66, 86, 124, 138
  laminada, 110, 126
  rallada, 52

Cocinado y escrito en Vila-real,
entre julio y septiembre de 2019.

Maquetado con amor y hambre
por ELEYUVE estudio creativo.